ヴィジュアル版

世界の神々と神話事典

はじめに

「神話」という言葉を耳にしたとき、人は何を連想するだろうか？　ロマン、幻想、神秘、冒険……？　その世界では、すべての事象を可能にする超自然的な力をもった神々によって、宇宙や人類が造りあげられている。そして、神々はそうした世界の天空を、大地を、地下を闊歩し、人間と交わり、禍福を下す。さらには知勇に優れ、神に劣らぬ力をもった英雄たちもまた、ときには無気味な怪物たちと戦い、ときには神に抵抗する。もちろん、その場に登場する女神たちも、人間の女性たちも、いずれ劣らぬ美女揃いである……。

　現代でも神話世界や神々、英雄たちは、小説、コミック、アニメやゲームなどに登場するモチーフやキャラクターとして、人々がそれと意識しないままに、深く社会に根づいている。

　とはいえ、多くの人々がそうした神々や、彼らにまつわる神話を、古代の人々の迷信や慣習、思いこみから導かれた単なる創作と考えているのではないだろうか？　そして、現代社会にもたらされたそれらの影響を、多分に象徴的・寓意的なものとして片づけてしまっているのではないだろうか？

　だが、かのハインリヒ・シュリーマンのトロイア発掘や、アーサー・エヴァンズのクノッソス宮殿発掘に例をとるまでもなく、神話は往々にして古代に生じた歴史的事実さえ含むことがある。つまりそれは、ある民族の宇宙創成からアイデンティティーの確立までを描いた、壮大な歴史の系譜であるか

もしれないのだ。
おそらく、この地球で発生した無数の生命のなかから、他の生物を圧する力をもった人類が生まれたことの不可思議さを、人々は古くより察していた。その不可思議さこそが、人々にとって神だったのだ。森羅万象の謎を解明してくれるのも、この世に偏在する神だった、というより、事実、神は実在したのかもしれない。いや、今も実在するのだろう。科学がこれほど発達した現代でも、森羅万象のすべては人の力のみでは解明できていないのだから。
本書では、ギリシア、北欧、エジプト、インド、ケルト、日本、そして中国やオリエント、中南米に到るまで、多くの国々の神々や英雄たちを知ることができる。読者諸氏が、世界の神々について知りたければ、本書の該当ページに目を通すことをお勧めする。そこには146体におよぶ神々や英雄たちのプロフィールから属性、エピソードに到るまでが網羅されている。しかも、それらのほとんどに、かつて彼らを崇め恐れていた人々が、精魂こめて創り上げた絵画や彫像が添えられているのだ。
おそらく読者諸氏も名前しか知らなかったり、または名前すら聞いたことのない神々も、本書には登場していることだろう。そういった神々の活躍ぶりや、神にしてはあまりに人間的な行動の数々をお楽しみいただければ幸いである。

歴史雑学探究倶楽部

ヴィジュアル版 **世界の神々と神話事典**

CONTENTS

★本書は、2016年10月に学研プラスから発行されたものです。

ヴィジュアル特集

神話世界の愛と戦い

神々と英雄たち

ギリシア神話　捨てられた王女を救った酒の神ディオニュソス

英雄テセウスに恋し、そのミノタウロス退治に協力したクレタ王女アリアドネ。使命を達成したテセウスとともに、彼の故郷アテナイに向かったが、途中の島で置き去りにされてしまう。悲しむアリアドネの姿を見てひと目ぼれしたのが酒の神ディオニュソスだった。酒神は彼女を慰め、妃に迎えた。このとき、永遠の愛の証としてディオニュソスがアリアドネに贈った宝冠は彼女の死後、天に上げられて星座となり、かんむり座と呼ばれるようになったという。

海神からの贈り物に心を動かした海のニンフ

ギリシア神話

アンフィトリーテは大勢いる海のニンフ（精霊）のひとり。あるときニンフたちは、とある島でダンスに興じていた。それを見たのが海神ポセイドン。彼はアンフィトリーテの美しさにひと目で惹かれた。だが、海神の求婚を彼女は拒みつづける。ところが、ポセイドンが踊る魚＝イルカを創って贈るとアンフィトリーテの態度は軟化し、結婚を承諾したのである。なお、タコやイカ、イソギンチャクなどの奇妙な形の生き物は、すべてポセイドンが創造したといわれる。

愛に翻弄される

中国神話

天の川に引き裂かれた哀しき夫婦

天帝の娘である織姫は、機織り名人で働き者。牽牛郎もまた、牛追いの名手で勤勉な若者だった。愛し合うふたりを見て、天帝は結婚を許した。ところが、結婚生活を楽しむあまり織姫は機を織らなくなり、牽牛郎も牛を追わなくなった。その怠惰ぶりに腹を立てた天帝は、ふたりを天の川を隔てて引き離した。それ以来、ふたりが会えるのは年に一度、7月7日のみとなった。その日になるとカササギの群れがやってきて、天の川に橋を架けてくれるのだった。

ギリシア神話

禁忌を破って夫の顔を見た美女プシュケ

美女プシュケに恋した愛の神エロスは、彼女を妻として山上の宮殿に住まわせた。ところが、エロスが訪れるのは夜の寝所に限られ、妻が夫の顔を見るのはなぜか禁じられていた。疑問に思ったプシュケはある夜、エロスの顔を見てしまう。エロスは失望し、彼女のもとを去る。夫の愛を取り戻そうとする妻の前にはその後、数多くの困難が立ちはだかる。だが、すべてを克服した彼女は、ゼウスによって女神とされ、エロスと改めて夫婦となるのだった。

円卓の騎士の結束を破壊した王妃の道ならぬ恋

アーサー王伝承

アーサー王には「円卓の騎士」と呼ばれる部下たちがいた。なかでも抜きんでて優れていたのが、ランスロットだった。ところがそのランスロットが、王妃グィネヴィアとの不倫に走ってしまったのである。やがて事は王に露見し、王妃は火刑の判決を受ける。ランスロットは刑の執行直前、王妃を救出するのだった。円卓の騎士たちはアーサー派とランスロット派に分裂する。そして両者の戦いが契機となって王国は瓦解。不倫のふたりも結ばれることはなかった。

ギリシア神話

二度も愛する妻を失った楽人オルフェウス

竪琴の名手オルフェウスは、愛妻エウリュディケを突然の事故で失う。彼は妻の命を取り戻そうと、苦難を乗り越えて冥府の王ハデスの前に立つ。ハデスは妻を思う彼の竪琴の調べに感動し、願いを叶えることにする。ただしそれには、エウリュディケが冥府を出るまでふり向いてはならないという条件がついていた。だが、オルフェウスは地上まであと少しのところで思わずふり向いてしまう。次の瞬間、妻の姿は霧となって消えた。彼は今度こそ永遠に妻を失ったのである。

ヴィジュアル特集

神話世界の愛と戦い

ギリシア神話

放浪の英雄に思いを寄せた優しき王女ナウシカア

トロイア戦争後、帰還の途についたオデュッセウスは多くの苦難に遭って部下をすべて失った。スケリア島に漂着した彼は、王女ナウシカアに救われる。身なりを整えたオデュッセウスに感嘆して王は王女の婿にと考え、ナウシカアもまた、彼に好意以上のものを抱いた。だが、やがて王女はオデュッセウスが故郷に残した妻子のことを忘れられないのを知り、自らの思いを封じ、彼を帰郷させることにした。別れに際してナウシカアは、彼にときどき自分のことも思い出してほしいと告げるのだった。

インド神話

偉大なるシヴァの心を破壊した妻の死

美しい女神サティーは破壊の神シヴァと愛し合い結婚する。だが、この結婚に彼女の父は反対で、何かにつけてシヴァを侮辱した。サティーはそんな父の仕打ちに耐えられず、自ら燃えさかる火に身を投じたのである。これを知ったシヴァは悲しみのあまり、狂気にとりつかれた。そして妻の亡骸を肩に担いで放浪し、町々を破壊する。それを見かねた慈悲の神ヴィシュヌが亡骸を細かく切り刻み、各地に散らした。こうしてシヴァはやっと正気を取り戻したのだった。

インド神話

猿軍団とともに妻を奪還した王子ラーマ

コーサラ王国の王子ラーマは成長後、ジャナカ王の娘シーターと結婚した。だが、ラーマに失恋して復讐に燃える妹のそそのかしに乗った悪魔ラーヴァナによって、シーターは拉致されてしまう。ラーマは猿たちの軍団の協力を得て、ランカー（スリランカ）にあるラーヴァナの居城に攻め入った。そして彼を打ち倒し、幽閉されていた妻を無事に取り戻したのである。この戦いを通じてラーマは、猿軍団の将軍ハヌマーンとの友情をも育んでいく。

々と英雄たち

ギリシア神話

ギガントマキア——オリュンポス神族と巨人たちの戦い

かつて10年間続いたオリュンポス神族とティターン神族の戦い「ティタノマキア」があったが、「ギガントマキア」はそれに続く宇宙の存亡を賭けた戦いである。神々の相手は原初の女神ガイアの生んだ巨人族ギガース。宇宙の支配権を求め、岩や山そのものを投げ飛ばしながら進軍してくる彼らに、神々はゼウスの息子ヘラクレスを仲間に引き入れ対抗した。戦いは神々の勝利に終わった。ガイアは後に最大の敵テュポンを生んだが、ゼウスはこれにも辛勝した。

ヴィジュアル特集

神話世界の愛と戦い

滅びを知りつつ神々が挑む最後の決戦

神々は避けられぬ終末の日――ラグナロクを承知で、悪神ロキが率いる巨人族との最終決戦に臨む。その軍勢には、オーディンが神の国アスガルドにもつワルハラ宮殿に集められていた人間の勇者たちも含まれていた。かつて勇敢に戦って死んだ英雄たちは、この日に備えてワルハラで訓練に励んでいたのだ。やがて彼らも、そして神々も、巨人族や怪物たちの前に次々と敗れ去った。世界樹ユグドラシルは炎上し、ひとつの時代が終わった。だがその後に、生き残った神々を中心に、新たに平和な世界が生まれたのである。

北欧神話

壮大な叙事詩は太古の核戦争を描いたのか?

『マハーバーラタ』はパーンダヴァ王家とカウラヴァ王家というふたつの王族の争いを描いた、古代インドの宗教的かつ神話的叙事詩だが、原本で全18巻におよぶその壮大さ以外にも、現代人の興味を引く点がある。物語に登場する「インドラの雷」なるものが、核兵器を連想させるのだ。このことから、古代に核戦争があったと主張し、『マハーバーラタ』を事実をもとにした物語だとする研究者も少なくない。それが本当なら、世界の歴史は根底から覆るのだが……。

インド神話

女神たちの争いがトロイア戦争を勃発させた

ヘラ、アテナ、アフロディテという３人の女神のうちで、最も美しいのはだれか？　この難問を出されたトロイア王子パリスは、自分を選べば世界一の美女を与えるというアフロディテを選んだ。その美女こそスパルタ王妃ヘレナであった。パリスに拉致されたヘレナ奪還のために、ギリシア連合軍がトロイアに攻め入った。当然、アフロディテはトロイア側についたが、ヘラとアテナはギリシア側に味方し、それぞれ自軍には加護を、敵軍には死を与えたのである。

ギリシア神話

ケルト神話

無二の親友を手にかけたクー・フーリンの悲哀

英雄クー・フーリンが騎士として務めていたアルスター王国と、実質的に王妃メイヴが国を治めるコノート王国の間に戦争が勃発した。２頭の馬が引く馬車に乗り、美々しく装って出陣したクー・フーリンだったが、この戦いは彼に悲劇的な死をもたらす引き金となった。さらには戦いのさなか、若き修業時代にともに鍛錬に明け暮れた無二の親友にしてライバルであったコノートの騎士フェルディアを、手にかけてしまった。友の遺体を抱きかかえ、クー・フーリンは悲嘆に暮れるのだった。

ヴィジュアル特集

神話世界の愛と戦い

ギリシア神話

英雄を手こずらせた冥府の番犬ケルベロス

英雄ヘラクレスに課せられた12の難行の最後が、冥府の番犬ケルベロスを地上に連れてくることだった。3つの首があるケルベロスは、蛇のたてがみと竜の尾をもつ怪物である。ヘラクレスは冥府の王ハデスから「決して傷つけたり、殺したりしないように」という条件の下に、この怪物を生け捕りにする許可を得た。格闘のすえヘラクレスに敗れて、初めて地上で明るい太陽を浴びたケルベロスは興奮して暴れ、さしもの英雄もその扱いに手こずったという。

日本神話

美女を救ったスサノオ命の巨大妖怪退治

高天原を追放されたスサノオ尊は、亡き母・イザナミ命のいる根堅洲国に行く途中、出雲に立ち寄った。スサノオはここで8つ頭の巨大怪物ヤマタノオロチに生け贄にされそうになっていた美しい娘・クシナダヒメ命と出会う。スサノオはヤマタノオロチの首ひとつずつに酒を与えて酔わせ、退治する。このとき怪物の尾の中から出てきたのが、後にアマテラス大神に捧げられ、三種の神器のひとつとなった草薙剣である。スサノオはクシナダヒメを妻として根堅洲国に下り、やがてこの地の大神となった。

第1章◎ギリシアの神々と神話

ギリシア神話といえば、まず古代ギリシアの詩人ホメロス作の叙事詩『イリアス』と『オデュッセイア』が頭に浮かぶ。前者はトロイア戦争最後の10日間を描いたもので、後者は同戦争の勇者オデュッセウスの放浪物語である。実際、現在に伝わるギリシア神話はこの2作と、同じく古代ギリシアの詩人ヘシオドスが神々の起源や系譜を描いた『神統記』、および神話を通して仕事を語る『仕事と日々』の両叙事詩が基本といえる。

しかし、登場する神々や神話はふたりの創作によるものではない。それは叙事詩成立以前から、古代ギリシアの人々に

尊崇され、親しまれてきたものだったのである。詩人たちはそれらを体系的にまとめ上げたのだ。それがギリシアからローマに伝わり、さらにはルネサンスを引き起こした。そして、現在に到るまでヨーロッパ諸国の芸術に、強い影響をおよぼしたのである。

　さて、ギリシアの神々といえば、やはり「オリュンポス12神」だろう。ゼウス、ヘラ、ポセイドン、デメテル、アテナ、アポロン、アルテミス、アフロディテ、ヘルメス、ヘスティア、アレス、ヘパイストス。彼らの多くは、オリュンポス山の宮殿から下界に降りてきては、積極的に人間とかかわる。その結果、ギリシア神話の真髄かつ醍醐味である人間味溢れる神々のエピソードが、数多く生まれることになるのだ。

オリュンポス山に建つゼウスの宮殿に集う神々。

天空の支配者にして最も偉大な神
ゼウス
Zeus

オリュンポス12神をはじめとする神々を束ねる、天空の王者が「ゼウス」である。雨や雲などの空に起こる、さまざまな現象を司る神で、とくに雷霆《らいてい》と呼ばれる武器から放つ雷と稲妻の力はすさまじく、ほかのどんな勢力をも圧倒する。ゆったりした衣をまとい、ときには最高の権力を象徴する鷲を肩に載せて現れるゼウスの姿は王者そのものであり、至高の存在と呼ぶにふさわしい。ローマ神話ではユピテルと呼ばれ、英語名はジュピター。

ゼウスは巨人族であるティターン神族の主神クロノスと女神レアの子である。レアは、その座を奪われるのを恐れ、子どもを次々に呑み込むクロノスの目をかすめて、クレタ島で極秘に出産。幼いゼウスはニンフ（精霊）たちによって育てられた。長じてゼウスは呑み込まれた兄弟たちを救い出し、父に戦いを挑む。オリュンポス神族とティターン神族の戦いは10年も続き、ついにオリュンポス神族が勝利する。そして世界をふたりの

オリュンポスの神々の頂点に立つゼウス。

雲の玉座に座るゼウス（中央）。左は知恵と戦いの女神アテナ。

兄と分け合い、ゼウスは天を、ポセイドンは海を、ハデスは地下の世界を治めることにしたのだ。

ゼウスの特質をひとことで表現すると「空前絶後の浮気性」だろう。古代のギリシア人は一夫一婦制で、王といえど後宮やハーレムを作って無数の愛人をもつなどということはなかったから、ゼウスのご乱行は人々にはかなり異様に映ったはず。それでもゼウスが庶民から愛されたのは、嫉妬深い妻ヘラをなだめすかしながら結婚生活を続け、その一方で妻の目を盗んでは、あちこちの女神やニンフ、人間の女性にまめにアタックを続け、結果として多くの子孫をもうけたエネルギーと俗っぽさにあるのではないだろうか。

ただし、ゼウスの異性に対する積極性が崇められていた反面、彼の情事、とくに人間の女性との情事には、単なる浮気ではすまされないことも多かった。その結果、相手の女性やその子ども（つまりゼウスの子）、家族が思わぬ災難や運命のいたずらに巻き込まれるケースが目につくのだ。しかし、これはギリシア神話の大きな特徴といわざるを得ない。ゼウスをはじめとするオリュンポスの神々は、人間の倫理やモラルを遥かに超えたところで、自分たちの都合で事を運び、人間はそれを甘んじて受け入れるしか道はない。そんな諦観にも似た気持ちが、ギリシア人には共通していた。

だからこそ、ギリシア悲劇を最高峰とする現実のギリシア文学には、不条理ながらも神の存在が欠かせない。また、不老不死の神と死すべき人間という境界線こそあれ、神々が日々の人間の生活に深くかかわり、介入してくるという構造が成り立つのである。

結婚の女神であり嫉妬深い最高神の妻

ヘラ

Hera

「ヘラ」はクロノスとレアの娘で、最高神ゼウスの姉であり、また正妻でもある。ゼウスの熱烈な求愛のすえに結婚した後、戦いの神アレス、鍛冶の神ヘパイストス、青春の女神ヘベ、出産の女神エイレイテュイアをもうけた。

　結婚と母性、家庭生活を司る女神で、妻の守護神として厚い信仰を受けているヘラだが、ギリシア神話で描かれる彼女は、どうしても嫉妬深く残忍なイメージが強い。

　女神もニンフも人間の女性も見境いなく、次々に口説きまくる夫ゼウスの行動に目を光らせ、浮気を感知するや否や、その愛人や生まれた子どもたちを厳しく罰する。また、ささいなことに腹を立て、人間に不幸をもたらしたりする、なかなかやっかいな女神なのである。

　たとえば――、処女神である月の女神アルテミスの侍女、ニンフのカリストにひとめ惚れしたゼウスは、アルテミスに姿を変えて近づき、抵抗する彼女を手に入れる。その結果、子どもを身ごもったことをアルテミスに知られ追放されたカリストは、ひっそりと息子アルカスを生む。それを知ったヘラは憎しみを爆発させ、カリストを牝熊に変えてしまうのだ。

　ニンフに育てられ、成長して猟師となったアルカスは、あるとき森で熊と出会い、母とは知らず射殺しようとする。それを見たゼウスはさすがに放っておけず、母子を天上に上げ星座にした。こ

仲睦まじいヘラとゼウス。

ヘラ（左）はヒーロー（英雄）を表すヘロスの女性形。

れがおおぐま座とこぐま座である。

だが、憎い母子が星になったと知り、ヘラの気持ちはおさまらない。そこで「海に降りて休息がとれないようにしてほしい」と、海神ポセイドンに頼む。そのためこのふたつの星座は、永遠に水平線に沈むことができなくなったのだという。

　このように恐ろしいヘラだが、普段はゼウスをこよなく愛し、貞節を貫き、温かい家庭を守るよき妻でもあった。ゼウスの愛をつなぎとめるため、若さを再生するカナトスの泉に毎年沐浴にいき、永遠の美しさを保ってもいる。泉の水で身を清めて年齢を洗い流し、清らかな処女に戻ったヘラの輝くような美しさは、百戦錬磨のゼウスの心さえもとろけさせるのだ。

「これまで何人もの絶世の美女や女神を見てきたが、ヘラ、おまえほど美しいものはいない。初めて会ったときと同じように、私はおまえがほしい」と、ゼウスは恥じらう乙女のヘラをベッドに誘い、黄金の雲のカーテンをひき、夫婦の契りを交わすのであった。

　ゼウスとヘラの「聖なる結婚の儀式」は、ヘラ信仰の本拠地アルゴスで祝われ、サモスなど他の地方でも盛んに行われていた。

　ちなみに、ヘラはローマ神話ではユノー、英語名ジュノー。すなわち「ジューン・ブライド（6月の花嫁）」の語源でもある。

大海原の覇者にしてゼウスの兄

ポセイドン

Poseidon

トリアイナと呼ばれる三叉の矛を携えたポセイドン。

クロノスとレアの子で、ハデスの弟かつゼウスの兄が「ポセイドン」である。海洋を司り、泉の支配者でもある。ローマ神話ではネプトゥーヌス、英語名ネプチューン。

ティターン神族に勝利した後に海を支配することになったポセイドンの住処は、当然のことながら海であり、海の底にある珊瑚と宝石で飾られた豪華な宮殿で暮らしている。オリュンポス山に住んでいないにもかかわらず12神のひとりに数えられる。

ポセイドンは堂々とした威厳ある壮年の男性の姿で描かれることが多く、通常は裸体で三叉の矛を持っている。その矛であらゆるものを突き刺したり、泉を湧き出させたりするのだ。

自らの王国を見回るとき、ポセイドンは2頭の馬に引かせた黄金の馬車に乗り、黄金の鞭を振るいながら海のなかを縦横無尽に走り抜ける。そのとき波は静まり、馬車は滑るように進むのである。

ポセイドンの姿が見えるや、海の怪物たちはおそれをなし、彼に挨拶するために洞穴や海底から這い出てくる。不思議なことに彼の体も馬車も、海のなかにあるというのに、決して濡れることはないのである。

正妻はティターン神族の海神オケアノスの孫に当たるアンフィトリーテ。しかし、ゼウスの兄弟だけあって浮気性で知られ、豊穣の女神デメテルやメドゥーサなどたくさんの愛人がいた。妻や多くの女性たちとの間にトリトン、オリオン、ペガソスなどの子がいる。

ポセイドンはトロイア戦争の際には、当初トロイア側につき、王のために頑丈な城壁を造築した。だが、王が約束の報酬を支払わなかったため、これ以降は常にギリシア軍の味方となる。

またアテナイの支配権をめぐり、オリュンポス12神のひとりである知恵と戦いの女神アテナと争ったともいわれる。アテナイの民にとって、より有益な贈り物をしたほうが守護神となるのだ。まず、ポセイドンが三叉の矛で力強く地を叩くと、そこからは塩水が湧き出して泉となった。一方アテナは、オリーブの木を生じさせた。

結果は一目瞭然、有益なのはオリーブの木だった。ポセイドンは敗れ、これによってアテナイはアテナのものとなったのだ。ちなみに、アテナイのアクロポリスにはこの塩水の泉が長い間、枯れずに残っていたといわれる。

なお、ポセイドンは古くは大地の神であったと思われ、とくに地震を司っていたことから、「大地を揺らす神」とも呼ばれている。

またローマ神話のネプトゥーヌスと同一視されたことから、馬または競馬の神としても崇拝された。

多くの従者を従えたポセイドンとアンフィトリーテ。

冥府を司る厳粛なる裁きの神
ハデス
Hades

冥府の王「ハデス」(ローマ神話においてはプルート)は、ペルシアやユダヤ教における悪魔のように、天界の王に対抗する闇の代表、というような存在とはまったく異なった性格の神である。

ハデスと冥府の入り口を守る3つの頭をもつ魔犬ケルベロス。

ハデスはティターン神族との戦いの後、ゼウスに冥府を司るよう告げられたゼウスの兄であり、運命と正義の力をコントロールしている。その姿は恐ろしく異彩を放っているが、決して人間の敵ではなく、死んで冥府に降りた人々の魂を裁いて、正しい行いは正当に評価し、罪を犯した者についてはだけである。

ハデスの語源は「見えない者」の意味をもつアイデスだといわれる。その名のとおり彼は世界の西の果ての地底にある冥府「ハデスの館」をもっぱら住処とし、オリュンポスなど天上の神々が集まる場所にはめったにやってこない。そのためオリュンポス12神のなかには、名を連ねていないのである。

それでは、ハデスの住む冥府とはどんなところなのか?

彼の宮殿の前庭には、地上から誘拐してきた妻ペルセポネを喜ばせるため、少しでも地上に似た環境を作ろうと、ハデスが植えさせたポプラと柳の並木がある。この並木の脇には、沈んだ太陽を迎えるための門と、夢が住む国が隣接している。そして、この庭のどこかに目印となる白い岩があり、その近くで地下を流れる2本の川が交わっている。

そこを通り抜けると「アスフォデルの原」と呼ばれる、平らで砂に覆われた不毛の地があり、死者たちが色も香りもない環境のなかで生活している。

ところで、人々は死んで冥府にやってくると、まず生者の世界との境にあるステュクス川の岸辺にたどりつく。そして、その水を飲むか川を渡るかすると、生前の世界で記憶していたことを、すべて忘れてしまう。

川の渡し守は、カロンという寡黙な老人だ。カロンに向こう側に渡してもらうために、死者はむろん賃金を払わなくてはならない。それで古代ギリシア人は死者を葬る際、死者の口のなかに、船賃のコインを入れていたのである。

冥府の王ハデスは、こうしてやってきた死者たちを冥府に迎え入れ、彼らの行く先が天国か地獄か定まるまで、その魂を館のなかにとどめて面倒をみてやっていた。

しかし日の光を見ることがあまりなかったハデスは、地下の世界に君臨しながらも、普段の人々の生活に影響を与えることはほとんどなかった。それゆえ、あれだけ豊富なギリシアの芸術にもほとんど登場せず、ハデスに捧げられた神殿も存在しなかったのである。

妻のペルセポネとともにオルフェウスの竪琴を聞くハデス（右）。

大地に恵みをもたらす豊穣の女神
デメテル
Demeter

「デメテル」はクロノスとレアから生まれたゼウスの姉のひとりであり、大地の実りを司る豊穣の女神である。その姿はしばしば麦の穂や藁で作った松明を持った形で描かれるため「穀物の女神」と呼ばれることもある。農耕にかかわる神だけあって、並みいるオリュンポスの神々のなかでも、デメテルの起源はとくに古い。おそらくヘレニズム時代以前には、ゼウスの妻ヘラよりずっと高い地位にあったと思われる。ローマ神話ではケレスに相当する。

デメテルにはこんな神話が伝わっている。――冥府の王ハデスは形相が恐ろしいため、花嫁探しは難航をきわめていた。同じころ豊穣の女神デメテルは、美貌のひとり娘ペルセポネをシチリア島で育てていた。弟ゼウスに無理矢理迫られてできた子どもではあったが、デメテルは娘をこよなく愛していて、ゆくゆくは天界の、容姿にすぐれた男神のもとに嫁がせようと

本来の地位はヘラより高かった女神デメテル。

考えていたのだ。ところが、ペルセポネの噂を聞きつけたハデスは、彼女こそ冥府の女王に最適と思い定めたのである。

　ある日、ペルセポネが野原で花摘みをしていたとき、突然大地がふたつに裂け、地中から黒い馬に乗った黒ずくめの服装をしたハデスが現れた。あまりの恐ろしさに立ちすくむペルセポネを小脇に抱えると、ハデスは馬の手綱を返して地下へと消え去ったのだ。

デメテル（左）と娘との再会。

　この事件を知ったデメテルは激怒し、すべてを捨てて松明に火をつけ、娘を捜し歩いた。デメテルが放浪の旅に出ている間、大地は荒廃し、どんな種をまいても穀物は何ひとつ実らなくなってしまった。さすがのゼウスもこれには困り果て、ハデスにペルセポネを返すように命じた。

　しかし、やっと手に入れた新妻を簡単に手放すわけにはいかない。ハデスは策略をめぐらした。そして「これを食べれば、母のもとに帰れる」とペルセポネをだまし、ザクロの実を食べさせる。実は「冥府の食べ物を口にした者は冥府に属する」という神々の掟があったのだ。

　やがてペルセポネが地上に戻ってくると花は咲き乱れ、木々には実がなり、大地は息を吹き返した。

　しかし、娘がザクロの実を食べたと聞いて、デメテルは愕然とした。「それでは、あなたはずっと地上で私と一緒に暮らすわけにはいかない……」。

　結局、ペルセポネは1年のうち、食べたザクロの実の数と同じ4か月はハデスとともに暮らし、残りの8か月はデメテルのもとに帰るように決められた。今でも1年のうち4か月、つまり冬の間は、デメテルが冥府にいる娘を思い、嘆き暮らしているため、大地には何も実らないのである。

知略に長けた戦いの女神 アテナ Athena

半神半人の英雄ペルセウス（右）に、さまざまな庇護を与えるアテナ。

ゼウスの最初の妻は知恵の女神メティスだった。だが、ゼウスはメティスの生む男子によって王権を剥奪され、最高神の座から追われるという予言を受ける。そこで彼は禍根を断つため、妊娠中のメティスを一気に丸呑みしてしまったのである。

ところが、メティスが出産するはずだった日、ゼウスの頭から突如として鎧と兜で完全武装し、槍と盾を持った女神が飛びだしてきたのである。これがオリュンポス12神のひとりであり、知恵の神、技術の神、そして戦いの神でもある「アテナ」である。

自分ひとりの力でこの世に生まれたアテナは、ゼウスの大のお気に入りでもあった。そのため、彼女は終生独身を守り、戦いや戦争があると一方の守護神として男神顔負けの活躍をする。ローマ神話ではミネルヴァに対応する。

彼女の灰色の瞳は常に冷徹に戦況を分析し、さまざまな巧妙かつ効果的な策略を編み出す。つけられた異名は「勝利者」「力」「戦闘愛好者」と、女神ながらどれも勇ましいものばかり。

肩に聖鳥の梟を載せている理由も、この鳥のただ闇雲に力で敵に体当たりするのではなく、計算を積み重ねて最後に勝利をおさめるという性格を重視したゆえである。

いかにも鳥になぞらえた、アテナの狡猾な側面が表れている。

　とはいえ、アテナが戦うのはもっぱら自分の国や家族を守るためで、決して戦いのための戦いをするわけではなかった。

　また、アテナには別の側面もある。それは機織りなど女性の技術を司る女神という役割だ。アテナ自身が織った織物の素晴らしさもさることながら、若い娘たちもその神殿に参拝しては、自らの機織りの技術の向上を祈るのが常だった。――あるところにアラクネという機織りに優れた娘がいて、その名はギリシア全土に鳴り響いていた。天狗になったアラクネは、傲慢にも自分はアテナよりも機織りが上手だと公言してはばからなかった。これを聞きつけた女神が黙っているはずはない。彼女は老婆に変身して地上に降り、優しく「そんなに高慢になると罰を受けることになるよ」とアラクネに忠告した。

　だが、娘はいっこうに態度を改めない。そこで怒ったアテナは本来の姿に戻り、アラクネに機織りの勝負を挑んだのである。

　素晴らしい手さばきで手際よく女神が織りあげたのは、神々しい光に包まれたオリュンポスの神々の勇姿だった。ところが隣を見ると、何とアラクネが織っていたのは、ゼウスやほかの神々が人間の女性を口説いたり、密通したりといった恥ずべき絵柄だったのだ。

　堪忍袋の緒が切れたアテナは、アラクネを醜い蜘蛛の姿に変えてしまった。だから蜘蛛になったアラクネは、今でも黙々と自分の糸で一心不乱に機を織りつづけているのである。

父ゼウスの頭から生まれ出た女神アテナ。

神々のなかで最も美しい太陽神
アポロン
Apollo

「アポロン」はゼウスとティターン神族の女神レトの子で、後述のアルテミスとは双子の兄妹である。

オリュンポス12神に名を連ねる彼は、若々しく美しい顔としなやかでバランスのとれた肉体をもつ、神々のなかで最も容姿の優れた男神のひとりであった。ローマ神話ではアポロと呼ばれる。

ギリシアはもちろん、アジア各地でも信仰されていた太陽神アポロンは、永遠の美青年であると同時に、自由と若々しさ、それに美しいものを愛するギリシア人たちの感性に、ぴったり合致した。芸術、健康、若さと陽気さ、進取の精神……。こういった概念をすべて兼ね備えていたアポロンは、ヘレニズムのなかで見事に花開いたギリシア文化そのものの神であり、芸術の守護神でもあったのだ。

アポロンはまた、牧畜を司る神でもある。恐ろしい狼の群れを自在に操りつつ、人々の大切な家畜を守るのがアポロンの役目だ。太陽が燦々と照る緑の丘で家畜番を

光明神アポロンは多芸と美貌でも知られる。

しながら、アポロンは竪琴をつまびき、ロマンチックな物語を歌いあげるのだ。また、彼は医術の神であり、反面、疫病の神でもある。そして、気に食わない人間たちには、黄金の弓で疫病をばらまくといったこともやってのけた。

デルフォイは他神の聖地であったが、番人の大蛇ピュトンを倒して、アポロンが奪ったといわれる。

だが、アポロンを語るうえで欠かせないのは、なんといってもその卓越した予言の能力だろう。とくに有名なのが、デルフォイのアポロン神殿で行われるものだ。ここにはギリシア全土ばかりか、他国からもアポロンの託宣を聞くために多くの人々が訪れる。ペルシアとの戦争を控えたアテナイからも、戦局の先行きを聞きに政治家が訪れたほどだ。

これほどの知恵と魅力に溢れるアポロンのこと、当然ながら恋の話題には事欠かない。美しい女性を愛するのはもちろん、アポロンの愛は美少年にも向けられた。

――ヒュアキントスはスパルタに住む、ペラ王ピエロスと歴史の女神クレイオーとの間に生まれた美少年である。アポロンは彼の美しさに惹かれたが、西風の神ゼピュロスも少年に魅了されていた。ゼピュロスは少年の気を惹こうとしたが、彼はアポロンになついて誘いにのらなかった。

ある日、ふたりが円盤投げを楽しんでいると、アポロンの投げた円盤が突然の強風にあおられヒュアキュントスの頭に激突、少年はその場で息絶えてしまう。これはふたりの仲を嫉妬したゼピュロスのしわざだった。アポロンは少年のなきがらを抱き、嘆き悲しんだ。

するとに、溢れ出た少年の血のなかから、真っ赤な花が咲いたのだ。この花は少年の名にちなんで、ヒュアキントス（ヒアシンス）と呼ばれた。ちなみに、このヒュアキントスが現在のヒアシンスと同種とは断定できていない。

月を司り野山を駆ける永遠の処女神
アルテミス
Artemis

ゼウスとレトの娘で、月の女神の「アルテミス」は、純潔をかたくなに守る永遠の処女神である。双子で生まれたアポロンとともに、オリュンポス12神のひとりだが、ギリシア固有の神ではなく、当地における先住民族の信仰を、古代ギリシア人が取り入れたものと考えられている。ローマ神話ではディアナ、英語名はダイアナ。

母がゼウスの正妻ヘラの嫉妬を恐れて放浪していたときに、アルテミスはこの世に生を受けた。彼女は生まれたばかりなのに母の出産を助け、続けて生まれたアポロンをとりあげたという。

さらに、まだ幼いうちに処女を貫きたいこと、そして妊婦の守護神かつ出産の神になりたいことなどを、ゼウスに願い出たとされる。そんなことから多産をもたらす女神として敬われ、また子どもの守護神ともされた。

だが、普段のアルテミスは短いスカートを履いて、弓と矢を手に山野を駆け回る少女である。狩りの女神でもあり、動物たちを支配していたので、彼女が軽やかに森のなかを走っていくと、さまざまな動物たちが穴から這い出して、じっと見守った。そのため彼女の別名は「野生の女王」でもある。

アルテミスは潔癖なうえに、性格も意固地で融通が利かず、辱めを受けると、相手に無慈悲なまでの報復をした。

——ある日、アルテミスは森のなかで清らかな泉を見つけ、お供のニンフたちと裸になって泉の水を浴びていた。その姿を、狩りにきていた青年アクタイオンが、う

アルテミスの裸体を覗き見たばかりに、鹿に変えられた青年。

っかり覗き見てしまう。視線に気づいた彼女は羞恥のあまり激怒し、アクタイオンを鹿に変えてしまった。

それだけでなく、彼が連れていた50頭の猟犬を、その鹿にけしかけたのである。

主人とは知らず猟犬たちは鹿に襲いかかり、アクタイオンはたちまち八つ裂きにされてしまったのだ。

ちなみに、出産の神であったせいか、アルテミスはしばしばデメテルのような地母神と混同され、小アジア地方では豊穣の女神として祀られることも少なくなかった。とくにエフェソス付近では多産の象徴として扱われ、狩猟ではなく農耕を司る女神でもあった。その姿もギリシアにおける少女のようなアルテミスの原像とはほぼ対極にあるといっても過言ではなく、アジア的な地母神の影響が見られるのだ。多数の乳房をもった異様な彫像も残され、その姿は処女神とはまさしく対極にある。

なお、ギリシア神話にはアルテミス以外にも月の女神が登場するが、一般には天の月の女神がセレネ、地上がアルテミス、冥府がヘカテであり、この3人はしばしばアルテミスに統合されて同一視された。

少女のような姿が特徴のアルテミス。

アフロディテの誕生。

奔放な恋に生きた美と愛の女神

アフロディテ

Aphrodite

息子クロノスによって切り落とされ海に捨てられた、ギリシア神話最古の男神にして、ティターン神族のウラノスの男性器にまとわりついた泡……。ギリシア全土で崇められた美と愛の女神「アフロディテ」は、その泡から生まれたといわれる。彼女はキプロス島に流れ着き、その地の守護神となった。

もともとアフロディテは、豊穣と多産を司るオリエントの女神と起源を同じくする外来の女神だった。キプロス島を聖地とするため、アフロディテにはキュプリスという別名もある。庭園や公園に祀られ、繁殖と豊穣を司る神として崇拝されていたが、時代が下るにつれ、次第に愛の女神としての性格を強めていったのだ。

ギリシア神話におけるアフロディテは、まさしく愛の女神の名にたがわぬ恋多き女性であった。そんな女神にも正式な夫がいて、それはゼウスとヘラの息子でオリュンポス12神のひとり、鍛冶の神ヘパイストスだった。

だが、ヘパイス

トスはよりによって神々のなかでもとくに醜く、風采が上がらなかった。それゆえか、美しいアフロディテを伴侶に得たことを素直に喜ぶ夫を後目に、彼女は浮気にいそしんだのである。なかでも長く関係を続けていたとされるのが、後述する戦いの神アレスである。

　アレスはヘパイストスの兄弟とは思えないほど逞しい美男だった。アフロディテが常に連れている愛息のエロス（キューピッド）は、アレスとの不倫関係でもうけた子どもであるともいわれる。

　アフロディテには、こんな神話も伝わっている。——自分への祭祀を怠ったフェニキア王の娘ミュラーに腹を立てたアフロディテは、彼女に「実の父親を愛してしまう」という呪いをかける。呪いのとおり父に恋したミュラーは、策を弄して自分の正体を隠し、想いを遂げるが、これが父に露見する。

　激怒した父に国を追われたミュラーは神に祈り、1本の木と化した。その幹のなかで育ち、生まれ落ちたのがアドニスだった。

　あるときアフロディテは伸びやかに成長したアドニスに会い、その美しさに心を奪われる。女神はアドニスを自らの庇護下におき可愛がった。しかしアドニスは狩猟の最中に、嫉妬したアレスが変身した猪の牙にかかって死んでしまう。アフロディテは嘆き悲しみ、自らの血をアドニスの倒れた大地に注いだ（アドニス自身の血という説も）。その大地から芽生えた花が、アネモネといわれる。

　この説話は、地母神と死んで甦る穀物霊としての少年という、オリエント起源の宗教の特色を色濃く残したものといえる。

　ローマ神話におけるアフロディテはウェヌス、この名の英語形はヴィーナスで、金星を意味する。

狩猟に出ようとするアドニスを止めるアフロディテ。

風よりも速く走る神々の伝令神
ヘルメス
Hermes

「ヘルメス」はオリュンポス12神のひとりでありながら、泥棒や山賊の守護神でもあるという、異色の青年神である。彼はゼウスの末子で、ティターン神族アトラスの7人の娘であるプレアデスのひとり、マイアを母として生まれた。

自由奔放かつ善悪の見境なく自らの欲するところに遠慮のないヘルメスは、生まれたその日にアポロンの家畜を盗み出して遊び、その後はゆりかごに戻って寝たふりをしていたという。乳児のころからのこんな破天荒な行動から、泥棒の守護神といわれるようになったのかもしれない。

本来のヘルメスは商業の神であり、貿易の神であり、旅人の神である。死せる英雄の魂を冥府に導く役割も果たしていた。さらには神々の、とくにゼウスの伝令役でもあった。

翼のあるサンダルを履いて空を飛び、風よりも速く走り、手には使者の役を示す杖を持ったヘルメスは、オリュンポスの神々のなかでもとくに頭が鋭く狡猾で、すばしっこい神であるといわれている。商売を成功させるためには、人の考えの裏まで読み、清濁併せ呑む賢さがなくてはならず、またすばやい決断力と実行力が必要とされる。だからこそ、それらの条件を兼ね備えたヘルメスが商業・交易の神として崇拝されたのだろう。

ちなみに、ゼウスの忠実な部下であるヘルメスは、実はその浮気の手助けまでしている。

——ゼウスはヘラの神殿の祭祀を司る美貌の神官イオに恋をした。そして、雲を呼び寄せるとイオを包み込み、自分のものにしてしまう。その後、妻であるヘラの嫉妬

葦笛で怪物アルゴスを眠らせたヘルメス。左は牝牛に変身させられたイオ。

商業や貿易の神でもあるヘルメス。

を恐れたゼウスはイオを牝牛に変えた。

　だが、すべてを見抜いたヘラは、ゼウスを説得して牝牛を自分に譲るように迫った。ゼウスは仕方なくイオである牝牛を妻に渡す。

　ヘラは二度とゼウスが手を出せないように、牝牛をアルゴスに見張らせることにした。アルゴスとは体中に100個の目があり、しかもそれらが交代で眠るために、彼自身は常に起きているという怪物だ。イオが哀れで見ていられなくなったゼウスは、ヘルメスに彼女の救出を命じた。ヘルメスは牛飼いに姿を変えてアルゴスに近づくと、葦で作った笛を吹きはじめた。すると、その美しい音色を聴くうちに怪物はうっとりし、100の目すべてを閉じて眠りに落ちてしまったのである。そこに足音を忍ばせて近づいたヘルメスは、隠し持った剣でアルゴスの頭を切り落とし、イオを自由の身にしたのだ。

　ローマ神話では商業神のメルクリウスがヘルメスに相当する。英語ではマーキュリーと呼ばれる。

酒と演劇で人々を陶酔させた異端の神
ディオニュソス
Dionysus

酒の神「ディオニュソス」は、ゼウスとテーバイ王の娘セメレとの間にできた子どもだが、その誕生にまつわる話は悲劇的である。

——美女セメレに恋したゼウスは「おまえの望みは何でもかなえよう」と誓った。これを天上から聞いていたのが、ゼウスの妻ヘラである。ふたりの仲を引き裂くべく、ヘラはセメレをそそのかし、ゼウスに対し「私を愛しているなら、あなたの本当の姿を見せてほしい」といわせる。神の真の姿を見た人間は、生きていられないからだ。ゼウスは悩んだ。だが、神が一度立てた誓いを破るわけにはいかない。

やむなくゼウスは雷を操り、光り輝く真の姿を現した。その途端、ゼウスが放つ光に焼かれ、セメレは命を落としたのである。

セメレの死後、彼女が身ごもっているのに気づいたゼウスは、その体から胎児を取り出し腿の間に埋め込んだ。こうしてゼウスの体内で育てられた胎児は月満ちた後、この世に生まれ出た。ディオニュソス、ローマ神話でいうところの、

放浪のうちに、多くの信者を獲得したディオニュソス。

ディオニュソスを囲み、狂乱する女性信者たち。

酒の神バッカスの誕生だ。

成長したディオニュソスはヘラの目を逃れて地上をさすらい、この間に身につけた葡萄の栽培やワイン作りの知識を人々に教え広めた。酒を覚えた人間たちは泥酔し、乱痴気騒ぎを繰り広げた。さらには暴力的になり、流血を好み、奔放な性にも酔いしれた。ディオニュソスは小アジアを中心とした熱狂的カルト集団の中心的な神となり、古い秩序を守る為政者たちから見れば異端となったのである。

長旅のすえに故郷テーバイに戻ったディオニュソスは、自らの信仰をこの地に打ち立てようとした。彼の後ろからは女性信者たちの群れが、恍惚として歌い踊りながらついてくる。その影響を恐れた当時のテーバイ王は信仰を禁じ一行を捕らえようとしたが、ディオニュソスらは山中に逃亡する。しかも女性信者の群れには、王の母や姉妹などテーバイの人々も混じっていた。激怒して追ってきた王の姿は、幻覚を見ていた女性たちの目にはライオンに映った。そして女性たちは王に襲いかかり、八つ裂きにしてしまったのである。

こうして多くの崇拝者たちを獲得したディオニュソスは、後に冥府に赴いて母セメレを救い出し、晴れて神々の仲間入りをし、ヘラとも和解したのであった。

なお、ディオニュソスを讃える退廃的な祭りは、時代が流れるうちに軌道修正され、やがて劇場で行われるようになった。以降、アテナイをはじめとするポリスでは、それらの祭りが発展したギリシア悲劇が毎年演じられるようになり、詩文芸が発展することとなった。こうしてディオニュソスは、演劇の神としても崇められるようになったのである。

永遠に炉の火を守る処女神

ヘスティア

Hestia

家庭の、国家の守護神でもあったヘスティア。

炉の女神「ヘスティア」はゼウスの姉であり、オリュンポス12神のひとりである。彼女はゼウスの館の炉の番をしており、一度も下界に降りたことがなかった。そのため、ヘスティアに関する話は少ない。ポセイドンとアポロンにプロポーズされたことがあるものの、結婚を嫌い、ゼウスに永遠の処女でいたいと懇願し、これを許されている。

なお、古代ギリシアでは炉は家の中心にあり、家族が集う大切な場所であった。その炉を司るヘスティアは家庭の守護神でもあった。人々は食事の前後に必ず彼女へ供え物をしたという。また、子どもが生まれると彼女のもとに連れていき、そこで初めて家族の一員とみなされたのである。

当時は家庭の延長線上に国があると考えられていたので、ヘスティアは国家統合の守護神でもあった。人々は彼女に捧げる炉を神殿に作り、その火を絶やすことはなかった。神殿は会議場でもあり、新植民地建設の際には炉の火を聖火として、新たな地にもたらすのが常だった。ヘスティアはローマ神話ではウェスタに相当する。

凶暴・冷酷が人々に忌避された戦いの神

アレス

Ares

古代ローマの戦いと復讐の神マルスに捧げられる祭儀は、毎年マルスの月である3月「March」にあり、戦争の勝利祈願が行われた。また歴代のローマ皇帝は「マルスの矢」と呼ばれる矢を常に保管し、それは特別の力をもつと信じられていた。

ローマではこれほど重要な神であったにもかかわらず、ギリシア神話のマルスに相当する戦いの神「アレス」は登場回数が少ない。美男であり、ゼウスとヘラの息子でオリュンポス12神のひとりであるにもかかわらず、人妻アフロディテの長年の浮気相手にして、凶暴かつ冷酷であるという以外、たいした特徴もない。

しかも、人間の英雄ディオメデスに敗れたり、巨人のアロアダイ兄弟に13か月も壺のなかに閉じ込められたり、戦いの神にしては、神話のうえでもかなりお粗末である。同じく戦いの神であるアテナが、戦争における知略や栄誉を表しているのに対し、アレスは戦いの際の狂乱と破壊を表している。

ギリシア人は残忍なイメージの強い彼を、あまり好きではなかったようだ。

容姿こそ美しいが、ギリシア人には嫌われたアレス。

鍛冶の匠であり火山を司った神

ヘパイストス

Hephaistos

ゼウスとヘラの間に生まれた最初の子が「ヘパイストス」である。オリュンポス12神のひとりで、鍛冶を司っていた。神々といえばほとんどが美しい容姿をしているのに、彼は非常に醜くかったうえ、足も不自由だった。これはゼウスと大喧嘩をしたヘラが、腹立ちまぎれに彼を下界に投げ落としたせいだといわれている。

海に落ちたヘパイストスは、海の女神テティスによって育てられ、そこで鍛冶の技術を習得した。そして、やがては神々のために武具や装飾品、住居を作ることとなる。その技術は素晴らしく、彼に作れないものはなかった。卓越した技を生かして浮気者の妻アフロディテをこらしめたこともある。見えない網を作り、妻と愛人のアレスをベッドに縛りつけ、神々の前に全裸のふたりをさらして笑いものにしたのだ。とはいえ醜いヘパイストスの妻が、美の女神アフロディテだというのも皮肉な話である。

鍛冶のときに自在に火を操ることから火の神でもあり、ローマ名ヴァルカヌスは火山(ボルケーノ)の語源となった。英語名バルカン。

ヘパイストスの仕事場は火山の奥にあったという。

人の恋心を翻弄する愛の神

エロス

Eros

「エロス」は地母神ガイアから生まれた、世界の始まりから存在する原初神だが、後にアフロディテがアレスと不倫をしてもうけた子どもとされた。

このため本来は恋と性愛を司る男性神だったのが、時代が下るにつれ、翼が生え、弓と矢を持つ愛らしい子どもの姿（キューピッド）に描かれるようになった。

エロスはいたずら好きで、愛の弓矢で神や人の恋心をもてあそんでいた。その金の矢で撃ちぬかれた者は激しい恋に落ち、鉛の矢で撃ちぬかれた者は恋ができなくなるのだ。

あるとき、アポロンにばかにされたエロスは復讐を謀った。まずアポロンの胸を金の矢で射ぬき、次に川の神の娘ダフネに鉛の矢を放ったのだ。一瞬にして恋に落ちたアポロンは、ダフネに愛を迫ったが、彼女は拒否するばかり。とうとうアポロンは川のほとりまでダフネを追いつめた。彼女は求愛から逃れるため父に祈り、月桂樹に姿を変えたのである。

嘆き悲しむアポロンは、愛の証として月桂樹の葉で編んだ冠を作った。そして、これを永遠に外すことはなかったという。

愛らしい少年の姿で描かれたエロス。

多くの神々を生んだ原初の女神

ガイア

Gaia

この世の初めは形もないカオス(混沌)に満ちていたが、このカオスから最初に生まれたのが、大地の象徴たる女神「ガイア」だ。次に神でありながら地下にある闇に閉ざされた場所そのものであるタルタロスが、エロス(愛)と闇に変化していった。さらにガイアは、独力で天(ウラノス)と海(ポントス)を生んだ。そしてウラノスと交わり、ティターン神族となる12人の巨人を生むのである。

神々、そして人間の母たる女神ガイア。

その後ガイアは、ひとつ目の巨人キュクロプスと、頭が50に手が100本ある巨人ヘカトンケイルを生む。だが、わが子でありながら醜い怪物たちをウラノスは嫌い、彼らをタルタロスに突き落とす。

これに激怒したガイアは復讐を企てた。そして、他の子らを呼び集めウラノスを討つように命じたところ、ひとりクロノスのみが立ち上がり、父を追放した。

後にガイアはポントスを夫として、さらに多くの神々を生む。実のところ、ギリシア神話に登場する神々のほとんどはガイアの血をひき、人間もその血筋にあるため、彼女は母なる女神として人々から崇拝されたのである。ローマ神話ではテルースと呼ばれる。

最初に王となった天を司る神
ウラノス
Ouranos

「ウラノス」はガイアから生まれた息子であるとともに夫でもある。その名はギリシア語で「天」を意味し、天が神格化したものといえる。彼はまた「星をちりばめた」という称号をもち、その名のとおり、体には無数の星がちりばめられていた。夜になると暗くなるのは、彼がガイアのもとを訪れる際に、夜の女神であるニュクスを伴うからだという。

ウラノスは神々の上に立ち、世界をその手中に収めた最初の王である。しかし、やがて妻ガイアと息子クロノスに裏切られることになる。天であるウラノスが降臨して、大地であるガイアを覆う。その後、全裸で眠るウラノスの生殖器めがけて、クロノスは大鎌をふるった。流れ出た血はガイアの体内にしみ込んで、ヘビの髪をつけた3人の恐るべき復讐の女神エリニュスが生まれ、クロノスに王者の地位を渡した。

子どもに背かれたウラノスは「おまえもやがて息子に王座を奪われる」と呪いの言葉を口にする。そしてその予言どおり、クロノスも同様の運命をたどるのである。

ガイアの息子にして夫であったウラノス（左）。

息子ゼウスに王座を追われた最高神

クロノス

Kronos

「クロノス」は大地の、そして農耕の神でもある。ウラノスとガイアの息子で、ゼウスやポセイドンら、オリュンポス12神の父にあたる。すべてを統べる最高神であったが、彼は「子どもに王座を奪われる」という、父ウラノスの予言が気になっていた。そしてそれを恐れるあまり、彼は妻レアが生んだ子どもを、次々に呑み込んでいったのである。

　レアの機転で助かった末子のゼウスは、救出した兄たちとともにオリュンポス山に布陣し、父に戦いを挑んだ。これに対しクロノスはティターン神族を集め、迎え撃つ。「ティタノマキア」と呼ばれる、この神々の激戦は10年もの長きにおよんだ。そこでガイアはゼウスに助言した。「タルタロスに幽閉されている異形の巨人たちを助け出し、味方につけなさい」と。ゼウスはそのとおりに彼らを救出した。巨人たちは喜んでゼウス側につき、大暴れして敵陣を攻撃した。クロノスは惨敗し、予言どおり王座を奪われ、逆にタルタロスに幽閉されたのである。なお、クロノスはローマ神話のサトゥルヌス（英語読みでサターン）と同一視される。

シンボルである大鎌を持つクロノス。

天を支えつづける巨体の持ち主

アトラス

Atlas

ゼウスの命令で天を支えつづけるアトラス。

オリュンポス神族との戦いに敗れたティターン神族の巨人「アトラス」は、ゼウスから罰として世界の西の果てに立ち、天が落ちてこないように支えるという辛い役目を命じられる。あるとき、ヘスペリデスの園にある黄金の林檎をとってくるように命じられた英雄ヘラクレスが、アトラスのもとを訪れる。

一計を案じたアトラスは「代わりにとってくるから、その間天を背負ってくれ」と頼んだ。こうして天空をヘラクレスに任せ、アトラスは園に赴き、林檎を手に入れた。戻ってきたアトラスは「自分が林檎を届けてやるから、しばらく天を支えてほしい」とヘラクレスに頼んだ。

アトラスが自分を謀ろうとしているのに気づいたヘラクレスは、納得したふりをしつつ「この姿勢のまま背負いつづけるのは辛いので、もっと楽に背負えるコツがあれば教えてください」という。

思慮の浅いアトラスは再び天を背負って見本を示し、その間にヘラクレスは林檎を手に取り立ち去ったのである。アトラスは辛い責務から逃れる千載一遇のチャンスを棒に振ってしまったのだ。

人類に火をもたらした恩人
プロメテウス
Prometheus

「先見の明をもつ者、熟考する者」。それが「プロメテウス」という名の意味である。彼はティターン神族の一員であったが、ゼウスたちとの大戦のとき戦いの先を読み、オリュンポス神族側についた。その功績によって、神々とともにオリュンポスで暮らしていた。

あるとき彼はゼウスに「粘土でわれわれに似た人間を作り、彼らにわれわれを崇める神殿を建てさせよ」と命じられる。プロメテウスが人間を作ると、ゼウスはこれに息を吹きかけ命を与えた。

その後、ゼウスは彼に「おまえは知恵を授けてやれ。ただし火は与えるな」と釘をさす。なぜなら火は神々にしか扱えない大切なものだからだ。

そのため、命こそもらったものの、人間には寒さから体を守る毛皮もなく、戦うための牙や鋭い爪もない。プロメテウスは道具を作るなどの知恵を授けるが、火のない人間の生活はみじめだった。哀れに思った彼は、ゼウスによる罰を覚悟のうえで人間に火を与えたのだった。

下界から煙が立ち上っているのを見たゼウスは激怒した。プロメテウスは捕らえられ、カウカソス

ゼウスの目を盗み、人間に火を与えたプロメテウス。

英雄ヘラクレス（右）によって、プロメテウスは苦しみから解放された。

山の山頂に鎖で縛りつけられた。そこで彼はゼウスの遣わした大鷲に、生きながら毎日、肝臓をついばまれる責め苦を強いられた。不死であるプロメテウスのこと、その肝臓は夜中には再生してしまうのである。

　ゼウスはさらに、火を得た人間が神に追いつくことを恐れ、人間に苦難を与える策を弄した。人間の女パンドラを作り、プロメテウスの弟エピメテウスのもとに送ったのだ。しかも自分からの贈り物と称してひとつの壺を持たせ、「絶対に開けてはならぬ」と命じて……。

　エピメテウスは何も疑わず、パンドラを妻にした。ある日、パンドラは好奇心から壺の蓋を開けてしまう。すると、なかから病気、盗み、憎しみ、裏切りなど、ありとあらゆる悪徳が飛び出してきた。ゼウスはパンドラが開けることを見越して、諸悪を壺のなかに封じ込めておいたのだ。

　驚いたパンドラがあわてて蓋を閉めたとき、壺のなかには「希望」しか残っていなかった。こうして世に悪徳がはびこり、「希望」のみが、今も人々のかたわらにとどまりつづけているのだ。

　一方、大鷲に苦しむプロメテウスは、実はゼウスに関する重大な秘密を握っていた。それは「ウラノスがクロノスに、クロノスがゼウスに追われたように、もしゼウスが海の女神テティスと結婚すれば、彼もまた、ふたりの間に生まれた男子に追われるだろう」という予言だった。プロメテウスは、ゼウスがその予言の詳細と交換に、いつか自分を解放することを予知していた。だが後年、彼を助けたのはゼウスではなかった。プロメテウスは結局、英雄ヘラクレスによって鎖を解かれたのである。

ギリシア神話中最大の英雄
ヘラクレス
Herakles

アンタイオスを倒すヘラクレス（右）。

「ヘラクレス」誕生の陰には、こんな話がある。――ミュケナイ王の娘アルクメネを見初めたゼウスは、軍人である彼女の夫に化けて思いを遂げた。次の日、遠征から戻った真の夫と床をともにしたアルクメネは、ゼウスの子ヘラクレスと夫の子という双子を身ごもる。しかし、アルクメネに嫉妬したゼウスの妻ヘラは、双子の出産の時期を遅らせ、本来ミュケナイ王となるべきだったヘラクレスの運命を変えた。ヘラの悪意は、この後もヘラクレスの人生にまとわりつくことになる。

青年となったヘラクレスはテーバイ王女メガラと結婚して3児の父となる。だが、ヘラが狂気を吹き込んだため、彼はわが子を炎のなかに投げ込んで殺した。しかも、この悲劇に耐えきれず、妻も自殺してしまうのである。

正気に戻った彼は、贖罪の方法を神に問う。神託は「ミュケナイ王が命じる難題を果たせ」というものだった。これが以下のような「ヘラクレスの12の功業」である。

①ネメアの不死身の獅子退治。
②レルネの頭が9つある毒蛇ヒュドラ退治。
③ケリュネイアの黄金角をもつ牡鹿の捕獲。
④エリュマントス山の猪の捕縛。
⑤30年間掃除していない3000頭の牛が棲む牛小屋掃除。

⑥怪鳥ステュムパリデス退治。
⑦クレタの暴れ牛の捕獲。
⑧ディオメデスの人食い馬の捕獲。
⑨アマゾンの女王の帯の獲得。
⑩ゲリュオンの牛の奪取。
⑪ヘスペリデスの園から黄金の林檎を盗み出す。
⑫冥府の番犬ケルベロスを地上に連れてくる。

　彼はこれらをすべて成就した以外にも、さらに数々の遠征や戦闘に加わった。英雄イアソンの呼びかけに応じてアルゴ船に乗って冒険し、山よりも大きく強大な巨人族ギガースと神々との戦い「ギガントマキア」では、神々を助けて勝利をもたらした。さらに、ポセイドンの息子である巨人アンタイオスとの相撲勝負に勝つなど、枚挙にいとまはない。

　その後ヘラクレスは川の神と美女デイアネイラを争い、勝って彼女を妻にする。帰国の途中、半人半馬のケンタウロス族の一員であるネッソスが妻を犯そうとしたので、これをヒュドラの毒矢で射殺する。瀕死のネッソスはデイアネイラに「ヘラクレスの愛がさめそうなとき、私の血を使うと効果がある」といい残す。後にヘラクレスに浮気の気配が見えたとき、彼女はネッソスの血を塗った服を送る。それを身につけたヘラクレスの体は焼けただれた。

巨大毒蛇ヒュドラと闘うヘラクレス。

　苦しみに耐えながら、彼は神の子であるがゆえ不死の命を断つため、自ら火葬壇に横たわり、炎に包まれて死んだ。死後、ゼウスは彼を天上に迎え入れる。ここでやっとヘラは彼を許し、彼女の娘ヘベと結婚したヘラクレスは神の列に加わった。

メドゥーサ退治で名を馳せた英雄

ペルセウス

Perseus

　アルゴス王アクリシオスは「娘の生む子に殺されるだろう」という神託を受け、娘ダナエを青銅の塔に閉じ込める。彼女は毎日、泣き暮らしていたが、その嘆きにゼウスが気づいた。塔のなかの美しい乙女に惹かれたゼウスは、黄金の雨になってダナエのもとに通い、やがて「ペルセウス」が生まれる。

　出産を知った王は激怒するとともに神託におびえ、娘と孫を大きな箱に入れて、海に流してしまう。箱はセリフォス島に流れ着き、ふたりはその地の漁師に助けられた。そして、ペルセウスはこの島でたくましい若者に成長した。

　島の王はダナエが気に入っていたが、彼女は王を嫌っていた。しかも武勇に長けたペルセウスがいるので、王は彼女に近づけない。そこで王は策略を巡らし、妖怪ゴルゴンのひとりメドゥーサの首を取ってくるよう、ペルセウスに命じたのである。

　メドゥーサは髪の毛1本1本が蛇でできていて、見る者を石に変えるという。そんな恐ろしい妖怪とどう戦えばいいのか？　思い悩む彼の前に、知恵と戦いの女神アテナと伝令の神ヘルメスが現れた。「この盾に映った姿を見ながら戦

メドゥーサの首を掲げるペルセウス。

ペルセウスはアンドロメダを助けるために海の怪物と闘った。

えば、「石にはなりません」と、アテナは青銅の盾と何でも切れる剣を、ヘルメスは翼のあるサンダルを、ペルセウスに貸し与えた。

こうして旅立ったペルセウスは、まずゴルゴンの居場所を聞きにグライアイ3姉妹のもとを訪れた。3人は醜い老女で、共有する1個の目玉と1本の歯を取り合って、喧嘩ばかりしていた。そこでペルセウスが目を奪うと、彼女たちはしぶしぶゴルゴンの居場所を教えたのである。

次に彼が向かったのは海の果て、昼と夜が交わる場所だった。そこでは巨人アトラスが天を支えていた。アトラスはニンフを冥府の王ハデスのもとに送り、かぶると姿が見えなくなる帽子を借りてくれた。

これで用意は整った。ペルセウスは帽子をかぶり姿を消すと、メドゥーサに近づいた。そして、その姿を盾に映して首を切り落とし、宙に舞い上がるや逃げ去ったのである。

帰途、ペルセウスはエチオピアの王女アンドロメダが、海の怪物への生け贄として岸壁に縛りつけられているところに遭遇した。彼はメドゥーサの首で怪物を退治したうえ、王女を妻にしたのである。そしてセリフォス島に帰り着くや、母親にいい寄る島の王にメドゥーサの首を見せて石に変えた。

この後ペルセウスは、母と妻を伴いアルゴスへ帰り王となった。そしてとある町で行われた競技会に参加した。そこでペルセウスが円盤を投げると客席の老人に当たり、老人は死んでしまう。その老人こそ、孫の帰還を恐れてアルゴスから逃亡していたアクリシオスだった。予言は成就したのである。

金色の羊皮を求めた冒険者

イアソン

Iason

イオルコス王アイソンは、異父弟ペリアスの裏切りにより王位を奪われる。アイソンは息子だけでも助けようと、幼い「イアソン」を半人半馬のケンタウロスの賢者に託した。成長したイアソンは王位継承権を主張するためイオルコスへ向かう。ペリアスは現れた若者がサンダルを片方しか履いていないことに気づき驚愕する。「サンダルを片足だけ履いた者に王位を奪われる」という予言を受けていたからである。ペリアスは彼を亡き者にするべく画策し、コルキスへ行き金羊の毛皮を持ち帰ったら王位を譲ると約束する。

金羊の毛皮を持つイアソン。

そこでイアソンはギリシア全土から勇士を募り、ヘラクレス、カストル、オルフェウス、ネレウスなど著名な50人の英雄たちを集めた。彼らはアルゴ船に乗り、戦いの女神アテナの祝福を受け出発した。そして、幾多の冒険を経てコルキスに到着したのである。

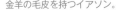

だが、コルキス王アイエテスは、イアソンに金羊の毛皮を渡す気はなく、難題を課す。それは軍神アレスより贈られた火を吐く牡牛にくびきをつけ大地を耕し、そこに竜の歯を蒔いて、誕生した兵士たちを退治せよというものであった。

難題に苦しむイアソンの前に魔法を操る王女メデイアが現れ、父を裏切って彼を助ける約束をする。メデイアはイアソンに恋していたのだ。当日、イアソンは王女からもらった炎を避ける香油を体に塗り、牡牛にくびきをつけ大地を耕した。その土地に竜の歯を蒔くと兵士たちが生まれ、彼に襲いかかってきたが、メデイアに教えられたとおり大石を投げ込むと、兵士たちは同士討ちを始めて滅びたのである。

　だが、それでもなお王は彼に金羊の毛皮を渡そうとしなかった。それを知ったメデイアは結婚することを条件に、イアソンを金羊の毛皮がある場所に案内し、魔法で見張りの竜を眠らせた。こうしてイアソンは目的の品を手に入れたのである。

　イアソンはメデイアと彼女の弟を連れ、コルキスから逃げ出した。だが、王の船に追いつかれそうになると、なんとメデイアは弟を殺し、その体をばらばらにして海に投げ捨てたのである。王がその亡骸を拾っている間にイアソンたちは逃げのびたのだ。

　ところが、イアソンが金羊の毛皮を持ち帰ったにもかかわらず、ペリアスは王位を譲ろうとしない。そこでメデイアは若返りの魔法を王の娘たちの前で見せ、父王を若返らせたらどうかと勧める。娘たちは教えられたとおり父王を釜で煮るが、若返るどころか死んでしまう。メデイアは魔女として民に恐れられ、イアソンは王位を継ぐどころか、国にいられなくなって他国に逃れた。イアソンはその後放浪し、アルゴ船の残骸の下敷きになって死んだという。

他の女に心を移したイアソン（右）に襲いかかるメデイア。

迷宮で怪物を退治した英雄
テセウス
Theseus

アテナイ王アイゲウスが、旅先でトロイゼンの王女アイトラと契って生まれた子が「テセウス」である。父は「穴に隠した剣とサンダルを子どもに持たせて尋ねるように」といい残して帰国する。

16歳になったテセウスは、穴を塞いでいた大岩を動かして証拠の品を取り出し、旅人を苦しめる山賊を退治しながら、父の国に向かった。当時のアテナイはクレタ島の勢力下にあった。そのため、アテナイの若い男女はクレタの迷宮にいる牛頭人身の怪物ミノタウロスの生け贄にされていた。それを知ったテセウスは生け贄に混じってクレタへ赴く。そしてミノタウロスを退治すると、王女アリアドネの助言に従い、糸玉を使って迷宮を抜ける。だが、怪物を退治したら船に白い帆を掲げて帰国すると約束したのを忘れ、帰路についたため、息子が餌食になったと誤解した王は、絶望して海に身を投げてしまう。

アテナイの王位についたテセウスは善政を敷き、国家の基礎を固めた。だが、多くの冒険に参加したために長く国を空けることが多く、やがて王位を追われる。テセウスは後に亡命先のスキュロス島でその地の王に殺された。

ミノタウロスと闘うテセウス（左）。

唯一の急所を射ぬかれて落命

アキレウス

Achilleus

プティア王ペレウスと海の女神テティスの子「アキレウス」は、トロイア戦争最大の英雄である。

テティスは幼い息子を不死身にするため、足首を持って逆さに冥府の川に浸した。そのとき女神が握っていたため、水につからなかったアキレス腱だけが彼の急所となる。成長後、アキレウスは親友パトロクロスとともにトロイアとの戦いに出陣した。彼は戦利品として美女ブリセイスを獲得したが、自軍の総大将アガメムノンが奪ったので、怒って戦場から退く。

ところが、アキレウスの不在で、神々の加護を失ったギリシア軍は大敗した。

見かねたパトロクロスはアキレウスの鎧を借りて彼に化け、出陣したが、敵の王子ヘクトルに討たれてしまう。

友の死を嘆いたアキレウスは、ヘクトルを討ちとった。しかし怒りは収まらず、その遺体を戦車に結びつけて引きずり回し、辱めたのである。

それを悲しんだトロイア王であるヘクトルの父は彼の陣営を訪れ、遺体の返却を願った。親の愛に心を打たれたアキレウスは遺体を返す。

その後、彼自身も唯一の急所のアキレス腱を、トロイア王子パリスの放った矢に射られ、命を落とすのであった。

ヘクトルの遺体を返すようアキレウスにすがりつくトロイア王。

ギリシア随一の知将にして木馬計画の立案者

オデュッセウス

Odysseus

かの「トロイアの木馬」の考案者でイタケ島の王である「オデュッセウス（英語名ユリシーズ）」は、ギリシア神話における英雄のひとりであり、ホメロスの英雄叙事詩『オデュッセイア』の主人公でもある。

策略でトロイアを陥落させたオデュッセウス。

――トロイア戦争におけるギリシア対トロイアの戦いは10年がすぎ、膠着状態にあった。業を煮やしたオデュッセウスは巨大な木馬を作らせ、なかに兵士たちを潜ませた。これをトロイアに残すと退却を装ったのだ。

ギリシア軍が撤退したと信じ込んだトロイア軍は、木馬を城門のなかに引き入れて神殿に奉納し、市をあげて勝利の宴会を開いた。人々が酔いしれ眠りこけたころ、木馬からギリシア兵が現れて城門を開け、待機していた自軍の兵を城のなかに引き入れた。そして大勝利をおさめ、この戦争にピリオドを打ったのである。

トロイア陥落後、オデュッセウスは帰途についた。だが、彼が故郷のイタケ島にたどり着くまでには、さらに10年という年月がかかったのだ。

一行の乗る船は、単眼の巨人キュクロプスたちの棲む島に着いた。ここで巨人のひとりポリュペモスに何人かの部下が食べられてしまう。オデュッセウスらはその単眼をつぶして逃れるが、キュクロプスたちの父である海神ポセイドンの怒りをかってしまう。以降、彼らの旅は困難をきわめるのだ。

たとえば魔女キルケの島では、部下を豚に変えられた。美しい歌声で男たちを惑わす妖怪セイレンの棲む海域を通る際は、部下に蝋で耳栓をさせ、自分のみ耳栓をせずに体をマストに縛りつけた。オデュッセウスが暴れれば、セイレンの歌声を聞いていると見なし、部下たちは必死に船を進めるのだ。

　こうして難を逃れた一行だが、その後も6本の首をもち、人を食らう妖怪スキュラのいる難所で、多くの部下が命を落とした。

　さらには、太陽神アポロンの牛が飼われている島では、部下たちが生け贄の牛を食べてしまい、アポロンに復讐を依頼されたゼウスの雷に打たれて船は沈没。部下は全滅してしまったのである。ひとりになったオデュッセウスは、巨人アトラスの娘カリュプソの住む島にたどり着き、熱愛されて数年を過ごした。しかし望郷の念が絶ちがたく、神に願ってカリュプソから解放された。

　そのころ、イタケ島では20年もの王不在の間、館を守っていた妻ペネロペのもとに多くの求婚者が押しかけて、わがもの顔で振舞っていた。やっとの思いで帰り着いたオデュッセウスは、息子と協力して求婚者たちを追い払い、イタケ王の座と妻を取り戻したのである。

　後にオデュッセウスは、ポセイドンの怒りを鎮めるために神殿を建てたという。

オデュッセウスは船のマストに体を縛り、セイレンたちの誘惑に耐えた。

第2章◉北欧の神々と神話

主に北ヨーロッパに居住していた古代ゲルマン民族の神話。それが北欧神話である。北欧とは一般にアイスランド・デンマーク・ノルウェー・スウェーデン・フィンランドを指す。このうち、民族・言語ともに異なるフィンランド以外の4か国が、北欧神話の主な文化圏となる。

なお、北欧神話は12～13世紀に成立した叙事詩『古エッダ』および神話の解説書『新エッダ』を基礎としている。内容は重厚かつ悲壮で、世界観も複雑だ。宇宙の中心にはそれを支え、な

9つの世界を抱える世界樹ユグドラシル。

かに9つの世界を抱える世界樹「ユグドラシル」がある。神々の国アスガルドも、神に敵対する巨人族の国ヨツンハイムも、人間の国ミッドガルドも、死者の国ヘルヘイムも、すべてユグドラシルにあるのだ。

なお、神々には農耕系のヴァン神族、巨人族の子孫であるアース神族の2グループがある。

両者は当初、対立していたが、アース神族が勝利し、人質を交換する形で和議を結んでいる。

ちなみに、北欧神話の特異さは神々が不死ではなく、滅んでしまう点にある。それはある巫女が世界の創造から終末、再生までを語るという形で紹介される。

その終末こそが神々と巨人族の最終決戦の日「ラグナロク」であり、この日、神々は敗北し、ユグドラシルとともに滅びるのだ……。ギリシア神話とはまったく異質の味わいをもつのが、北欧神話なのである。

ラグナロクにおける神々と巨人族や怪物たちとの戦い。

世界を造り神々を統べる最高神
オーディン
Odin

北欧神話最大の神といえば「オーディン」にとどめを刺す。アース神族の最高神かつ北欧の王家の祖でもある。半巨人のボルと女巨人ブリトラの子で、多くの妻たちとの間に、これもまた北欧神話において重要な神となるバルドル、トール、テュール、ヘイムダルなどの子をもうけた。

オーディンは兄弟のヴィリ、ヴェーとともに、原初の巨人イミルの体から天や地をはじめとする全世界を作り、またトネリコとニワトコの流木から人間の男女を作った。神々が住む世界アスガルドもまた、彼らの手になる。盟主であるオーディンは豪華な宮殿に住み、高座に座って世界を見渡しているのだ。

オーディンは絵画などでは片目がなく、長い白髭をもち、つばの広い帽子を被り、槍を持った老人の姿で表されることが多い。なぜ隻眼かというと、その目と引き換えに、あらゆる世界を包含してそびえる大樹ユグドラシルの根元に湧き出す、ミーミルという知恵の泉の水を口にしたからだ。これによって、彼は世界を治めるのにふさわしい叡智を得た。

彼はまた、風、死、戦い、詩と魔法の神などともされる。その性格も複雑で、ひとことではいいつくせない。詩を作り文字を発明した文化英雄である一方、血なまぐさい犠牲と戦いを何よりも好むという荒々しい面ももっているのだ。

伝承によると、オーディンは詩を作る才能をもたらす蜜酒が、巨人の洞穴で空しく眠っているのを知ると、その略奪を計画した。そして、巨人スットゥングが隠匿している場所へ、蛇に変身して侵入する。次に美青年に姿を変え、番をしていた巨人の娘に近づき3夜

知恵の泉の水を口にするオーディン。その代償は目だった。

魔槍グングニルを携え、８本足の馬スレイプニルに乗るオーディン。

をともにした後、彼女から3口分の蜜酒を飲ませてもらう。オーディンは、その3口で蜜酒の3つの容器をすべて飲みきると、鷲に姿を変え、追う巨人たちを振り切りアスガルドへ戻った。

こうして神々や人間は、美しい詩を楽しむことができるようになったのである。

またルーン文字と呼ばれる、ゲルマン人の古アルファベットを発明したのもオーディンだ。彼は文字の秘密を得るために、ユグドラシルの枝に自らを9夜9日の間吊るしたという。

その一方で、戦いと死にもゆかりが深い。アスガルドに構えたワルハラ宮殿では、「ラグナロク」と呼ばれる世界の終末の日に起こる神々と巨人族の最終戦争に備え、戦死した人間の勇者たちを集めた大規模な戦闘訓練が毎日行われていた。オーディンは血気盛んな北欧の諸王や戦士たちの守護神であり、彼の加護を受けた戦士は熊や狼のように獰猛になり、死を恐れず敵に突進していくようになるといわれている。

だが、彼の最期は悲劇的なものだった。ラグナロクにおいて、敵の巨大な魔狼フェンリルによって呑み込まれてしまうのだ。

雷のハンマーを持つ荒ぶる神

トール

Thor

オーディンの子で、北欧神話最強の戦神のひとりである「トール」。その力は、アスガルドのすべての神々を合わせたより強いとされる。

トールはまた、強力なハンマーと、そのハンマーの柄を握るための鉄の手袋、倍の力を得ることができる力帯を持っている。

武勇を重んじる好漢だが、頭に砥石もしくは火打石が入っているためカッとしやすく、すぐ暴力に訴える。しかし根は単純なので、命乞いをされたりすると簡単に許してしまう。そんなわけでトールの神話では、その武勇が語られることが多い。

力の象徴であるミョルニルを振りかざすトール。

あるとき、トールは巨人の王ウートガルザ・ロキの宮廷を訪れた。そして、王の提案でさまざまな力比べをすることになる。まず酒の飲み比べで「この杯の酒を3口で飲み干せたら、おまえを認めよう」とけしかけられる。トールは思いきり飲んだが、酒はほんの少しし

ラグナロクにおいて、ヨルムンガンドと死闘を演じるトール。

か減らない。

次は猫を持ち上げるのに挑んだが、片足を持ち上げるのがやっと。

最後によぼよぼの老婆と相撲をとるが、押し負かされて膝をついてしまう。

意気消沈したトールだったが、実は巨人の魔術にはまっていたのであった。杯は大海とつながっており、猫の実体は大地を取り巻く巨大蛇ヨルムンガンド、また老婆は「老い」の化身であったのだ。

しかしトールが飲んだため、海では引き潮が起こり、片足分とはいえ巨大蛇を持ち上げ、「老い」にも膝をつく程度ですんだトールの怪力に、ウートガルザ・ロキは舌を巻いたのだった。

このほか、女装して巨人スリュムからハンマーを取り戻す話や、巨人ヒュミルとのヨルムンガンド釣りなどが語られている。

トールという名は、雷鳴のとどろきを擬音化したものに由来するとされる。彼は2頭の山羊に引かせて車を駆るのだが、このときの車輪の音が雷鳴なのだという。ローマ人はトールをユピテル（ジュピター）と同一視していたが、それは元来、ユピテルが雷神だったことから来ているのだろう。

また天地を引き裂いて走る雷光は、トールの持つハンマーとされる。このハンマーはミョルニルと呼ばれ、「打ち砕くもの」という意味をもつ。どんな敵でも一撃で倒し、遠くに投げても手元に戻ってくる。しかも使わないときは、小さくして懐におさめることもできたのだという。ちなみに、トールはミョルニルを武器としてだけではなく、結婚や出産、葬礼などの際に、祝福を与えたり浄化をしたりする祭具としても使っていた。

これは古代北欧の人々にとっては、一種の魔術的な象徴だったようで、ハンマーをかたどったペンダントも出土している。

ラグナロクにおいては宿敵ヨルムンガンドを倒すが、その毒によって自らも命を落としてしまうのである。

勇敢なる隻腕の軍神

テュール

Tyr

もとは天空の神だったテュール。

海の巨人ヒュミルを父とする「テュール」は、オーディンやトールに勝るとも劣らない勇ましい神とされるが、北欧神話では、このふたりほど登場場面は多くない。本来は天空神だったらしいが、現存する史料のほとんどが軍神としている。理由としては、ゲルマン人の世界に激しい戦乱の時代が続き、戦いの神であるオーディンへの信仰が盛んになった結果、最高神となったオーディンに代わって、テュールが一介の軍神に格下げになったためと考えられている。

このような経緯をたどったため、ローマ人はテュールを軍神マルスと同一視した。現在、テュールの名前は火曜日（Ｔｕｅｓｄａｙ）の語源として残っているが、これはローマ人が「マルスの日」を「テュールの日」と呼び変えたことに由来するという。

さらに、テュールはルーン文字にもその名を残している。ルーン文字の「テュール」は槍をかたどったもので、占いにおいては戦いの勝利を、また呪術においては危機的な状況のなかから勝利をもたらす呪符として使われたという。実際、テュールの文字を刻んだ武器が、ゲルマン諸国からいくつか出土している。

なお、テュールの剛胆さを伝える神話はわずかしか知られていないが、そのひとつはきわめて印象的なものだ。

——悪神ロキの子に魔狼フェンリルがいた。その魔性ゆえ、生まれた直後から神々の監視下に置かれていた。気性も荒く、彼に餌をやる勇気をもつ神はテュールだけだったのである。「やがて大きな狼が、神々の国を滅ぼすだろう」と予言されていたこともあり、オーディンはこの厄介なフェンリルを拘束しておくことにする。

だが、どんな頑丈な鉄の鎖もこの狼にかかるとひとたまりもない。そこで名工である小人に命じ、特別製の鎖を作らせた。一見、絹の紐のようなそれは、決して切れることのない魔法の鎖であった。

神々は「この紐を切ることができるか、おまえの力を再度試そう」と誘いをかけた。だが、フェンリルとて、見るからに怪しげな紐につながれるほど愚かではない。そこで「だれかが俺の口のなかに片腕をさし込んでいれば、その挑戦を受けよう」と切り返した。ためらう神々を見て、フェンリルは嘲笑した。そのとき、テュールが狼の口のなかに手を突き入れた。神々はその間に、すばやく狼を縛りあげた。フェンリルは紐を切ろうと必死でもがいたが、かえって体に食い込んでしまう。紐が切れないと悟ったフェンリルは激怒し、口のなかのテュールの腕を噛み切った。

絵画などで、彼が隻腕の戦士の姿で描かれることが多いのは、そのためである。

テュールはまた、ラグナロクの際に、地獄の番犬ガルムと相討ちになって死ぬとされている。

テュールの腕を食いちぎる魔狼フェンリル。

ラグナロクで神の敵に回った魔神
ロキ
Loki

「ロキ」はすこぶる奇妙な神といえよう。彼は神々に敵対する巨人族の血を半分引いていたが、オーディンと義兄弟となり、神の国アスガルドに住んでいる。

変身術に優れ、男神でありながら、巧みに女性にも化ける。狡猾さでは群を抜き、神々の急場を幾度も助けつつ、気まぐれで邪悪ないたずらを仕掛けては、騒動と混乱を引き起こす。

ロキは騒動の過程で、工作に長けた小人たちを騙して、宝物を作らせたり奪ったりすることが多く、それが結果として神々に大きな利益をもたらすこともあった。たとえばオーディンの的を外さない槍グングニル、トールのミョルニル、フレイの携帯できる船なども、ロキが引き起こした厄介事の結果、神々が手に入れた宝物だ。また牝馬に変身して巨人族の魔性の馬と交わり、8本脚のスレイプニルを生んだりもしている。この駿馬はオーディンの愛馬となる。

ロキはオーディンなどに比べてさほど古い神ではない。元来は山火事を人格化したもので、火の悪霊だったと思われる。しかしその後、次第に神々のなかでその地位を高め、オーディンを主とするアース神族のひとりに数えられるようになったのだ。

だが、北欧神話の中盤、ロキの悪意は度を越していく。オーディンの息子ヘズをそそのかして兄のバルドルを殺させ、老婆に変身してバルドルが生き返ることのない

出自は火の悪霊だったロキ。

ロキ（右）の体にしたたり落ちる毒を受けとめる妻。

ように仕向けたのだ。

激怒した神々はロキを捕らえ、彼の息子の腸で岩に縛りつけ、毒蛇を頭上にくくりつけた。毒蛇の口からロキに向かって猛毒がしたたり落ちる。だが、ロキの妻シギンが器を持って受け止めたため、毒が彼に触れることはなかった。

ところが、器がいっぱいになったため、シギンがそれを捨てに走ったとき、一瞬だけ毒液がロキの顔を直撃した。ロキは苦痛のあまり、大地が震えるほど大声で叫び、身もだえした。それが人々のいうところの地震だという。

さらに、ロキはまだ巨人族の仲間だったころ、妻との間に死の女神ヘル、大蛇ヨルムンガンド、魔狼フェンリルなどの禍々しい子をもうけた。それらがもたらす災いを恐れたオーディンはヘルを地底に投げ落とし、ヨルムンガンドを海底に沈め、フェンリルを鎖で縛りつけた。その結果、ヘルは死の国を治める女神となり、ヨルムンガンドは海底をぐるりと巻き込むほどの大蛇となった。

世界の終末の日――ラグナロクの際に、巨人族を率いて神々に敵対したロキは、ヨルムンガンドやフェンリルらとともにオーディンらと壮絶な戦いを繰り広げ、最後はヘイムダルと相打ちになって命を落とすのである。

フレイヤ
Freya
戦いも厭わない愛の女神

「フレイヤ」は、北欧神話では最も知られた女神のひとりである。ヴァン神族の出身で、ニョルズの娘にして、フレイと双子。美と愛の女神、また子宝や豊穣の神として、北欧ではどの神にも劣らず崇拝された。

英語の金曜日（フライデー）は「フレイヤの日」であり、今でも金曜日に好んで結婚式があげられるのは、それが愛の女神の日であるからだという。

彼女はヴァン神族とアース神族の戦いが終結した際、その和解にあたって、人質として父、兄とともにアスガルドに移り住み、神々の仲間入りをした。愛の神である彼女は、恋人たちや夫婦の願いを聞き入れ、彼らが死ぬと、天上の自分の館に招いて、楽しい日々を送らせたという。

その一方「戦いのフレイヤ」と呼ばれるように勇ましいことも好きで、戦場で名誉の戦死を遂げた者がいると、鷹の羽衣をまとい、戦いの乙女ワルキューレを率いて駆けつけた。そして、その半分を自分の館に運んだのである。

ちなみに、残りの死者はオーディンが迎え入れた。というわけで、昔の北欧の女性たちは恋人や夫が戦場で死ぬと、一緒にフレイヤの館に迎え入れられるのを願って、進んで敵の刃で命を落としたり、愛する人の屍を焼く薪の上に身を投げ出したりしたという。

強力な魔術を操ることでも知られ、オーディンに魔術を教えたのもフレイヤであるらしい。

フレイヤはその美しさゆえに、巨人たちに狙われることも多かっ

多くの神々や人々に愛されたフレイヤ。

猫の引く車に乗り、夫を捜す旅に出る。

た。たとえば、アスガルドの城壁の建設を請け負った巨人が報酬として望んだのは、彼女と太陽と月であった。

　また、巨人スリュムはトールの持つミョルニルを盗み、それと引き換えにフレイヤを妻に所望したのである。

　アスガルドでのフレイヤはオーズという神を夫とし、ふたりの女の子にも恵まれた。しかし旅に出た夫が行方不明になってしまう。彼女は2匹の猫が引く車に乗り、世界中を捜し歩く。そのときに流した涙は、岩にしみ込んで黄金となった。世界のいたるところで少しずつ黄金が見つかるのは、彼女が泣きながらさすらったせいだという。

　一方でフレイヤは自由奔放な女神でもあり、神々や人間の愛人をもっていた。とくにお気に入りだったのが、人間の男性オッタル。ときに彼を猪に変身させて、その背中に乗って移動することもあったという。また、彼女が誇りにしている美しい首飾りは、名匠である4人の小人たちが作ったものだが、これを手に入れるために、小人ひとりずつと一夜をともにしたといわれる。

　しかし、フレイヤが自然の豊かな産出力を表す豊穣の女神であることを思えば、セクシャルな色彩が強いのも当然だろう。

奸計に陥った美しい青年神

バルドル

Baldr

何ものによっても傷つかないバルドル。右はヘズ。

オーディンとその妻フリッグの息子「バルドル」を巡る悲劇は、北欧神話のなかで最も有名なもののひとつといえる。バルドルは輝くように美しく、また聡明で優しく、彼が行くところすべてに喜びと光が溢れた。彼は裁きの神でもあり、その館は罪ある者は一歩も足を踏み入れることができなかった。彼は神々にも人間にも深く愛されていたのだ。

——あるときから、バルドルは無気味な夢にうなされるようになる。これを知り「息子の生命に危険が迫っているのではないか？」と心配したフリッグは、息子を傷つけないでほしいと、すべてのものに頼んだ。彼らはそれを聞き入れ、人間はもとより鳥や獣、木や金属、病気でさえも、決してバルドルに危害を加えないと約束したのである。

それ以来、バルドルの体は決して傷つかなくなった。喜んだ神々はあるゲームを思いついた。バルドルを中央に立たせ、四方からいろいろな武器を投げつけるのだ。それでもバルドルは傷ひとつ受けない。バルドルの人気はますます高まった。

ところが、ひとり面白くない者がいた。神々に悪意をもつロキである。彼は老婆に化けてフリッグに近づき、「ワルハラ宮殿の西に生えているヤドリギは、あまりに小さかったので、バルドルを傷つけないという誓いを立てさせていない」という情報を聞き出した。ロキはそのヤドリギを抜くと、神々の輪のなかに戻った。そしてバルドルの弟で盲目の神ヘズにそれを渡し、兄のほうへ投げるように勧める。ヤドリギはバルドルの胸を貫き、その命を奪った。神々は悲嘆にくれた。バルドルの妻ナンナは、悲しみのあまり命を落とした。

とくにオーディンとフリッグの嘆きは大きく、彼らは神々に「冥府からバルドルを連れ戻してくれる者はいないか？」と懇願した。勇者ヘルモッドがこれに応えた。彼は冥府ヘルヘイムに降りると、女王ヘルに神々の願いを伝えた。

ヘルは「地上のすべての者が、彼の死を悼んでいたら返そう。ただしひとりでも悲しまない者がいたら返せない」という。

これを聞いた神々は世界中にバルドルのために泣くように訴えた。人も動物も金属も、この世のすべてが泣き出した。だが、ひとりの老婆だけが「バルドルが死んでも悲しくないね」といい放ったのだ。このため、バルドルは冥府にとどまることになった。この老婆こそ変装したロキであった。神々はロキを捕らえ罰を受けさせた。

バルドルの死によって光を失った世界は、やがてラグナロクを迎える。すべての神が死に絶え、世界は滅ぶ。しかし新しい大地が浮かんでくると、バルドルはヘズとともに甦ってくるのである。新しい世界は、彼が創造したともいわれている。

ロキの奸計によって命を落としたバルドル。

ヘイムダル
Heimdallr
神々にラグナロクを告げる監視役

光の神である「ヘイムダル」は、白い神とも呼ばれる。オーディンを父とし、波の乙女の通称をもつ9人姉妹から生まれたとされる。

彼は昼夜かかわらず、遙か彼方まで見通せる目をもち、また草の伸びる音や、羊の毛の伸びるわずかな音でさえも聞き取る鋭い耳をもっていた。さらに眠りを必要としなかったので、神々の国アスガルドの見張り番を命じられていた。

アスガルドに行くにはビフレストの橋を渡らねばならない。これは大地から天高くかかる7色の橋で、人間たちはそれを虹と呼ぶ。ヘイムダルはその橋のたもとに館をもち、ここで常に不審者はいないか目をこらし、怪しい物音はしないか耳をすませていたのである。

というのも、神々と人間たちに敵意をもつ巨人たちが、いつ攻め寄せてくるかわからないからだ。事があれば、彼は世界樹ユグドラシルの下に隠してある、ギャラルホルンと呼ばれる黄金の角笛を吹き鳴らす約束になっている。この角笛の音は並外れていて、世界の隅々まで響き渡るのだという。

アスガルドの入り口を監視するほかには、特筆すべきエピソードもないヘイムダルは、性格などについては不明な点が多い。判明しているのはきわめて容姿に優れ、黄金の歯をもち、予言の才があり、3人の女性との間にそれぞれ3人の息子をもうけたということ。この息子たちは人間の階級（奴隷、自由農民、貴族）の祖となったともいわれている。従って、人間のことを「ヘイムダルの子ら」ということもある。また、このことで

ワルキューレが運ぶ死せる戦士たちを、アスガルドにあるワルハラ宮殿に迎えるヘイムダル。

ヘイムダルは、人間の階級を作ったとされる北欧神話の神リーグと同一視されている。ちなみに、黄金の前髪をもつグルトップという馬を愛馬としていたようだ。

ラグナロクが迫り、ヘイムダルはギャラルホルンを吹き鳴らした。

やがて、見張り番ヘイムダルが、己の役目をまっとうするときがやってきた。ラグナロクのそのとき、アスガルドのそばに広がる野原の先には、地獄の住人たちを残らず従えた魔神ロキの姿が見えた。巨人たちが押し寄せてくるのも見えた。ヘイムダルはもはや最後と、ギャラルホルンを手に取り、力の限り吹き立てた。神々は跳ね起きて会議を開き、オーディンはミーミルの泉に降りていき、賢者に助言を求めた。こうして神々と巨人たちの戦いの火蓋は切って落とされたのだ。

　ラグナロクでは、ヘイムダルはロキと闘った。以前、まだロキが神々の国にいたころ、愛の女神フレイヤの愛用する首飾りを盗んだことがあり、ヘイムダルはこれを取り返すべくロキを追跡。激闘のすえに無事に取り戻したという逸話がある。このことが因縁になってか、最後の戦いでは一騎打ちを演じ、相打ちになるのである。

結婚に失敗した優しい海神
ニョルズ
Njord

平和を愛するニョルズ。

　オーディンに代表される巨人族の子孫・アース神族と農耕系のヴァン神族は長らく敵対関係にあったが、戦争のたびに双方の被害が甚大なものとなり、これではならじと和解することになった。このとき、ふたつの神族の橋渡しをし、調停に奔走したのがヴァン神族の王であり、海と航海の神「ニョルズ」であったという。

　ニョルズは子どものフレイヤ、フレイとともに、人質としてアース神族のもとにきた。彼は港のそばに館を構え、漁業や魚の取り引きを守護したため、とりわけ海の民に深く信仰された。北欧の各地には現在も「ニョルズの神殿」「ニョルズの森」「ニョルズの耕地」を意味する地名が多く見られる。このことから、彼が多くの人々に崇拝されていたことは明らかである。

　ちなみにフレイヤとフレイはヴァン神族の一員であったとき、妹との間にできた子ともいわれる。

　アスガルドに来た後、女巨人スカジと結婚したが、山を好むスカジと海好きのニョルズでは同居がむずかしいことがわかり、早々に別れている。

　平和を愛するニョルズは、ラグナロクの際にも、たったひとり戦いには加わらず、世界が終わった後、ひっそりとヴァン神族のもとに帰っていったのである。

神々に若さを約束する林檎の管理者

イドゥン

Idun

美の女神フレイヤに負けず劣らずの美貌を誇る女神が「イドゥン」である。彼女の役割は、神々に永遠の若さを約束する黄金の林檎を管理すること。詩の神ブラギの妻でもある彼女の性格は無邪気で、かなりのお人好しであったらしい。

こんなエピソードがある。あるときイドゥンはロキに騙されて、巨人スィアチに林檎ともども巨人の国ヨツンハイムに拉致されてしまう。若さを保ってくれる林檎を失ったアース神族の神々は、次第に年老いていくのだった。この事態に激怒したオーディンらは、ロキにイドゥンを巨人から取り戻すように命じる。ロキはフレイヤから借りた鷹の羽衣を着て鷹に変身し、スィアチの宮殿に向かった。偶然、巨人が留守であったこともあり、ロキはイドゥンの姿を1個の胡桃に変え、爪でつまみ上げると、アスガルドに向かって逃亡した。

異変に気づいたスィアチは鷲に変身して跡を追ったが、すんでのところでアース神族の神々の武器で翼を焼かれて墜落し、命を落とした。本来の姿に戻ったイドゥンは、さっそく年老いた神々に黄金の林檎を配ったという。

黄金の林檎を神々に配るイドゥン。

フレイ
Freyr
恋のために宝剣を手放した豊穣神

フレイと黄金の野猪。

眉目秀麗な豊穣の神「フレイ」は、ニョルズの子でフレイヤの双子の兄である。本来はヴァン神族であったが、父や妹とともに人質としてアース神族の国にやってきて、妖精国アルフヘイムに住み、統治するようになる。フレイは持ち主が操らずとも勝手に戦う剣と、俊足の黄金の野猪、伸縮自在の魔法の船を持っていた。この船は普段は小さく折りたたまれて携帯可能だが、広げるとすべての神々を乗せられるほど大きくなり、帆を上げればいつも追い風を受けて走るという宝物であった。

だが、ひと目惚れした巨人の娘ゲルズを手に入れるため、召使いのスキールニルを巨人の国ヨツンハイムに遣わした彼は、その褒美として自分の宝剣を手放してしまう。そのためラグナロクには、フレイは巨人相手に鹿の角笛を武器として戦うはめに陥る。むろん力がおよぶはずもなく、激しい戦いのすえに、敵に倒されてしまうのである。

なお、フレイは巨根をもつ神として偶像が形作られ、子孫繁栄を願う人々の信仰の対象となった。

また、別名をユングヴィといい、スウェーデンのユングリング王家の祖とされる。

愛と結婚を司る最高位の女神

フリッグ

Frigg

オーディンの妻であり、アスガルドで最高位の女神が「フリッグ」である。ただし、オーディンとの仲は決して良好というわけではなく、夫が長くアスガルドを不在にしたときは、彼の兄弟であるヴィリやヴェーと通じ、さらには彼らを王座に就かせていたといわれる。
　これはフリッグの不倫として、12世紀に書かれたデンマークの史書『デンマーク人事誌』にも語られている。フリッグはまた、予言の力ももっていたが、それを口にすることはなかった。

　彼女は、オーディンとの息子バルドルにとってはよき母であったが、ロキの奸計によって、彼を失っている。
　さらに、オーディンとともども養子がいたが、オーディンの養子に自分の養子が殺されたため、復讐としてオーディンと養子との仲を裂く話もある。これらの対立でオーディンはフリッグに嫌気がさしてアスガルドを飛び出し、7か月の間、国に戻らなかったという話まである。

結婚を司る女神でありながら、フリッグ自身は貞淑な妻ではなかった。

　フリッグは愛と結婚・出産を司ることで広く知られた女神で、その名は「愛された者」を意味し、金曜日（フライデー）はその名残である。なお、フレイヤも金曜日の由来とされており、両者の名が似ていることから起きた同一視といわれている。

ロキの娘にして冥府を司る死の女王

ヘル

Hel

　死者の国の女王「ヘル」は体の半分が青、もう半分が肉色をしている。これは半分が生きていて、もう半分が死んでいるからである。

　彼女の支配する死者の国も、ヘルもしくはヘルヘイムと呼ばれている。ヘルはロキと女巨人アングルボザの娘で、オーディンによって地の底に投げ込まれた。大蛇ヨルムンガンドや魔狼フェンリルは、彼女の兄弟にあたる。

　ヘルヘイムは、地底深く霧に覆われた寒冷の地にある、大きな門と高い塀とを備えた館である。ここへは疾病や老衰で死んだ者や悪人の魂が送り込まれ、彼女はそれらの死者を支配している。元来凶暴な性格で、ときにヘルヘイムから地上に現れ、人々を虐殺することもあったという。

バルドルの生還を依頼するヘルモッドとヘル。

　ヘルはまた、北欧神話のなかで唯一、死者を生者に戻すことができる神である。神々でさえも死ねばすべてヘルの元に行き、彼女の下す裁定に従わなければならない。北欧神話に登場する神々は不老不死ではなく、女神イドゥンが管理する黄金の林檎を食べて若さを維持しているのだ。ラグナロクの際には巨人に加勢し、死者の軍団を戦場に送り込んだとされる。

ワルキューレ Valkyrie

戦場に倒れた勇者の魂を導く乙女たち

鎧と兜で身を固め、槍（もしくは剣）と盾を持ち、天馬に乗って戦場を駆け抜ける。それは凛々しくも美しい9人（8人もしくは12人という説も）の乙女たち。彼女らが捜すのは、勇猛果敢に戦うも敵の刃に倒れた勇士である。臆病者や弱い兵士の屍は一顧だにしない。なぜなら雄々しい勇士たちの魂のみを、天上のワルハラ宮殿に導くのがその役目だからだ。

　その名は「ワルキューレ」、宮殿の主オーディンやフレイヤに仕える者たちである。

　迎え入れられた勇士たちは、ラグナロクにおける神々と巨人族の最後の決戦に備えて、日ごと武技に励む。たとえ訓練中に死んだとしても、次の日には元気に復活する。そんな彼らを饗宴を開いてもてなすのも、ワルキューレの役目だった。

　ワルキューレはまた、白鳥の羽衣を持ち、これを身にまとうと白鳥に変身できるとされる。男性にこの羽衣を盗まれるというエピソードなどもあり、日本の羽衣伝説を彷彿とさせる。ちなみにオーロラは、夜空を駆ける彼女たちが着用している鎧がきらめいたものといわれる。

武装して戦場を駆けるワルキューレ。

運命に翻弄される竜殺しの英雄

シグルズ

Sigurd

「シグルズ」は、12世紀ごろに成立した中世ドイツの叙事詩『ニーベルンゲンの歌』に登場するジークフリートと起源を同じくする、北欧神話の英雄である。同じく英雄だった父の形見の名剣グラムを振るい、多くの功績をあげる。

　両親に先立たれ、鍛冶屋レギンに養われたシグルズは名高い勇士となった。レギンにけしかけられて竜退治に出かけた彼は、見事に竜を倒す。だが、竜の実体はレギンの兄で小人のファヴニールであった。レギンは兄の持つ莫大な財宝を独り占めにするために、シグルズを利用したのだ。

ナイフについた竜の心臓の脂を口にしたとたん、シグルズはその魔力で鳥の言葉がわかるようになる。そして、小鳥たちのさえずりからすべてを知り、レギンが自分を殺そうとしていることを悟った。彼はレギンを返り討ちにすると、竜の財宝を馬に乗せて旅に出る。こうして「竜殺しのシグルズ」として、いよいよ彼の名声は高まったのである。

　旅の途上、彼は茨のなかに閉じ込めら

シグルズとブリュンヒルド。だが、ふたりの恋は実らなかった。

れていた、ワルキューレのブリュンヒルドを救い出す。ふたりは惹かれ合い、永遠の愛と再会を誓って、シグルズは再び旅立つ。しかし、ギューキ王の宮廷で記憶を失う薬を飲まされたシグルズは、ブリュンヒルドを忘れてしまい、王女グズルーンと結婚する。

　時が経ち、グズルーンの兄グンナルは、ブリュンヒルドを妻にほしいと思うようになる。しかし彼女は炎に囲まれた城にいるため、グンナルには近づけない。そこでシグルズに、グンナルに化けて彼女に求婚するよう頼む。

　シグルズは、かつての恋人とも知らず城に突入する。城を囲む炎を越えてきた勇士と結婚する誓いを立てていたブリュンヒルドは、やむなくグンナルと結婚する。後に真実を知った彼女は、本来シグルズの妻になるべきは自分だと主張してグズルーンと対立。ついにはシグルズを憎悪するようになり、グンナルとその弟をけしかけてシグルズを殺してしまう――。

　ちなみに、『ニーベルンゲンの歌』でのジークフリートは、竜を倒したときに返り血を浴び、不死身となる。だが、たまたま背中に菩提樹の葉が張りついていたため、そこだけ血がつかず、致命的な弱点となってしまうのだ。そして、泉に身をかがめたときに、ブリュンヒルドの家臣にその急所を刺されて命を落とすのである。『ニーベルンゲンの歌』ではこの後、ジークフリートを殺された妻の復讐劇が展開する。そこにはまた、ファヴニールの財宝も絡んでくるのだ。

鍛え直したグラムを手にするシグルズ。左はレギン。

第3章◉エジプトの神々と神話

かつてナイル川流域で栄えた古代エジプト文明。ピラミッドなどの遺跡についての本格的な研究が始まったのは、19世紀初めにフランスのエジプト学者シャンポリオンが、神聖文字の解読に成功してからのことだった。

エジプトにはとくに体系だった神話はない。長い間に、多くの神々が変化を繰り返してきたため、それをまとめあげるのはむずかしいのだ。

そのため現在「エジプト神話」とした場合は、下エジプト（ナイル川デルタ地域）のヘリオポリスで信仰されていたヘリオポリス神話を指すことが多い。この都市における信仰の中心は太陽神ラーなどであった。

だが、それ以外にも多くの地方神が存在した。これらの神々はラーや上エジプト（現カイロ南部からアスワンまでのナイル川流域）にある後の首都テーベの神アメンと習合し、やがてこ

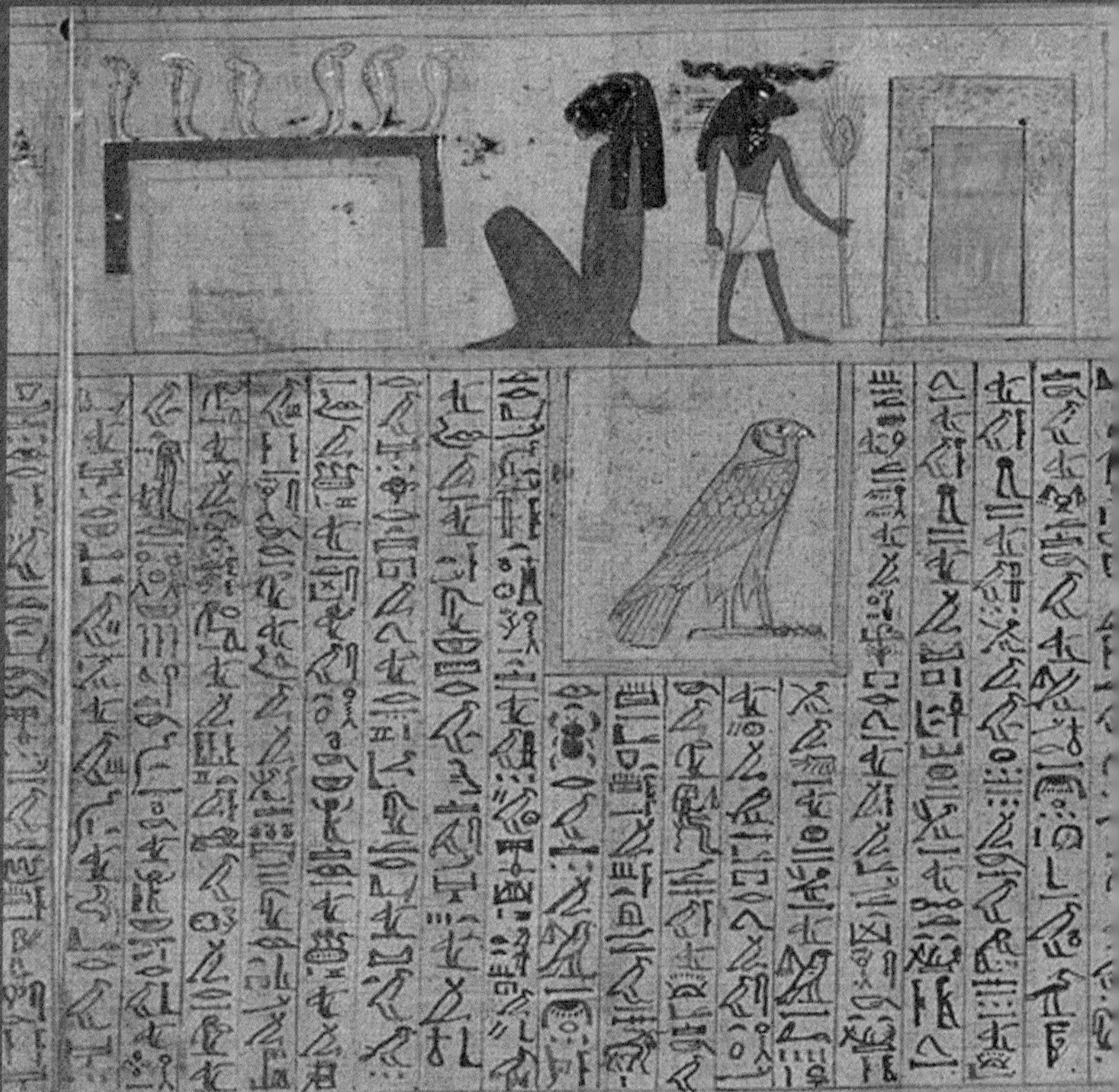

パピルスに書かれた「死者の書」。

の2体が結合したアメン・ラーが最高神となったのである。

なお、エジプトには強いていえば、ひとつだけ体系化された神話がある。これは古代ローマの著述家プルタルコスの紹介による、冥界の王オシリスを中心とした物語で、ファラオ（王）の実際の権力と絡み合った、多分に卑俗的なものだ。

また、葬儀の際の副葬品である文書「死者の書」も神への賛歌や教訓などが書かれていることから、エジプトの神々について知る手がかりとなっている。

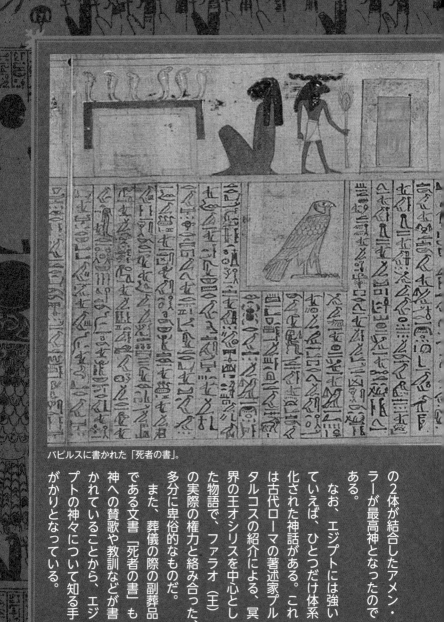

カオスのなかから天地を創造した神
アトゥム
Atum

古代エジプトにおける太陽神信仰は、下エジプトにあるヘリオポリスに始まる。信仰の対象は創造神「アトゥム」だ。アトゥムはカオス（混沌）の沼のなかから浮かび上がって、丘の形になった。そして、ひとりで神々を生み出したのである。

まず大気の神シュウを、次に湿気の神テフヌトを生んだ。その後、シュウとテフヌトから大地の神ゲブと天空の神ヌトが、さらに、ゲブとヌトからオシリスやイシスといった、エジプトの主要な神々が生まれ出たのだ。

やがて時代が下るにつれ、アトゥムは太陽神のひとりケプリと同一視されていく。ケプリは甲虫のタマオシコガネを神格化したものである。この甲虫は獣糞を球状にして転がして土中に蓄え、餌にしたり、産卵に使う。人々はタマオシコガネが糞球を運ぶ様子を、太陽の運行になぞらえたのだ。さらにケプリには「自ら生まれた者」の意もあり、それも創造神アトゥムと同一視されたのかもしれない。

アトゥムはまた、同じく太陽神のラーとも習合して「アトゥム・ラー」とも呼ばれる。

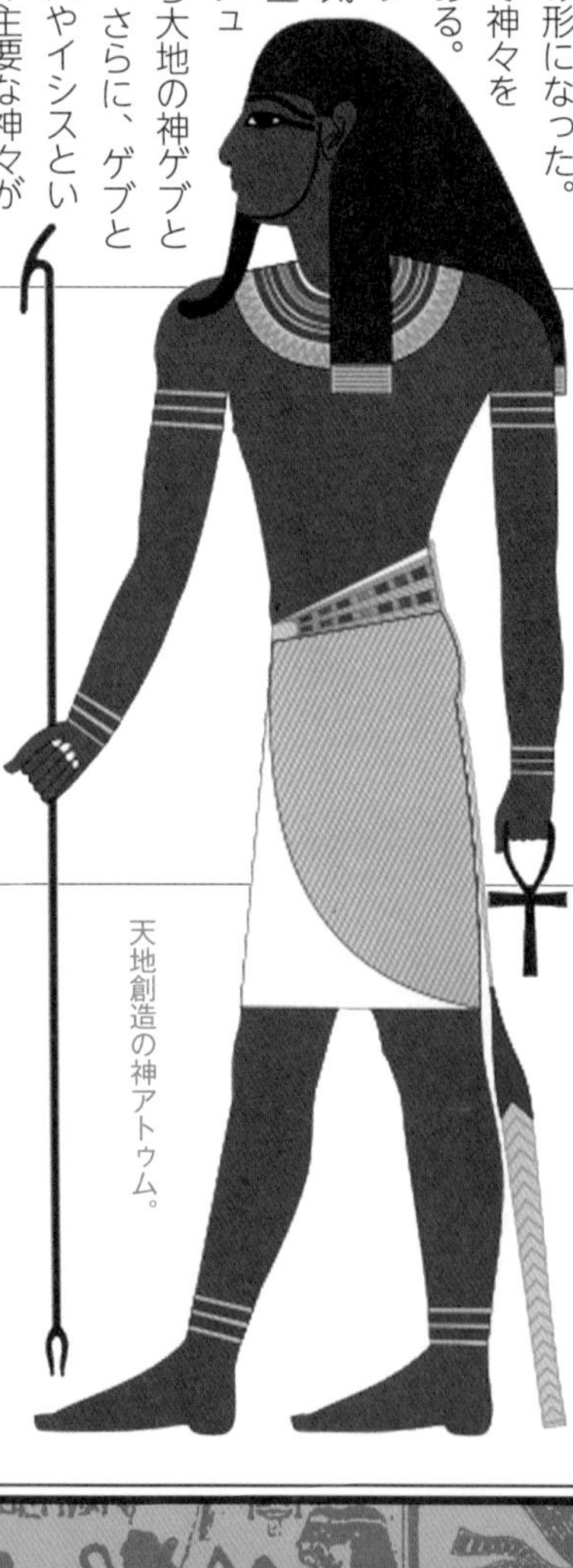

天地創造の神アトゥム。

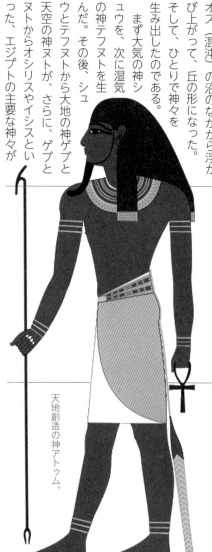

光の円盤と光条で表された太陽神
アテン
Atem

太陽の円盤と、そこから放射される先端が手の形をした何本もの光線が、太陽神「アテン」だ。アテン信仰は、中王国時代（紀元前2040～前1782年ごろ）から確認されているが、唯一神として崇拝されたのは、新王国時代（紀元前1570～前1070年ごろ）のファラオ（王）だったアメンホテプ4世の時代である。

アメンホテプ4世は、大勢のエジプトの神々を統一し、アテンを唯一神とした。彼が従来の信仰を否定したのは、羊の頭をもったアメンや、その他、動物姿の神々に疑問を抱いたからだという。

さらにアメンホテプ4世は、アメンの名前が含まれていた自分の名前を、アクエン・アテン（イクナートンとも。アテンを喜ばせる者の意）と改めた。

ちなみに、この古代エジプト史上、唯一の一神教の時代は、イクナートンの死とともに終わりを告げた。彼の後を継いでファラオとなった養子、トゥト・アンク・アテンは、トゥト・アンク・アメン（すなわちツタンカーメン）と改名し、アメン信仰に戻ってしまったのである。

円盤と光線で表された太陽神アテンを崇めるイクナートンとその家族。

太陽神ラーと一体化したエジプトの最高神

アメン

Amen

　アトゥムが下エジプトのヘリオポリスで崇められた最古の創造神なら、エジプトの最高神「アメン（アモンとも）」はナイル上流、上エジプトの都市テーベ（現ルクソール）を中心に信仰が広がった神である。その名は「見ることのできないもの」を意味し、創造神かつ天空や大気の守護神であり、また豊穣の神であった。通常、2枚の羽から作られた冠を身につけるか、または羊の頭を戴いた姿で表される。

カルナック神殿に遺されたアメンのレリーフ。

　アトゥムが独力で神々や森羅万象を創造したのに対し、アメンの神話世界では、彼を含む8人の神が協力してこの世を作った。アメンらはこのとき水の神ヌンをかき回して、万物を創造したという。8人のうち6人はその後、ほとんど姿を消したが、残りの2神、ヌンとアメンだけが他の神話体系のなかに継承されていく。

　アメンは本来、テーベ周辺で崇拝されていたモントゥ（メンチュ）神を吸収したため、最初は単なる地方神だった。ところが中王国時代、テーベ付近の豪族がエジプトのファラオとなったため、いちやく主神の座につくことになったのだ。後に太陽神ラーと習合してアメン・ラーとなって以降、約1700年にわたり、彼は主神でありつづけた。戦争になると、アメン・ラーはファラオに生命の息吹を吹き込んだ。この息吹を受けたファラオは、10万人の兵に匹敵する力を得るのである。

　このように、ファラオの守護神としてのアメン・ラーの力は強大だった。そして、やがてファラオ自身もこの最高神と同化して神格化されるようになる。中王国時代のアメン・エム・ハトや前述のツタンカーメンなど、多くのファラオの名前にアメンの名が入っているのはこのためだ。

　エジプトが繁栄を誇った新王国時代、アメン・ラーの勢力は最も拡大した。権力者から一般大衆にいたるまで、多くの人々の尊崇を集めたのである。当然ながら、彼に仕える神官たちの勢力は凄まじいものがあった。その権力と財力をもって、彼らは一時とはいえ国土の3分の1を支配したという。


さらには、新王国末期には勝手に独立国家「アメン大司祭国家」なるものまで作ってしまったのだ。

　歴代王朝はこの奇妙な国を弾圧せず、逆に姻戚関係を結ぶなど、おおむね平穏な関係を築いたとされる。大司祭国家は後に王朝の支配下に入ったが、神官たちの勢力はさして衰えなかった。人々のアメン信仰がそれほど強かったということだろう。

　アメンは、エジプト最大の神殿である、ルクソールのカルナック神殿に祀られており、有名な大列柱室などに見られる壁画にその姿が残されている。また、世界遺産第1号として知られるアブシンベル神殿の至誠所にも、建設者のラムセス2世とともに彫像が安置されている。

羽でできた冠を戴くエジプトの最高神アメン。

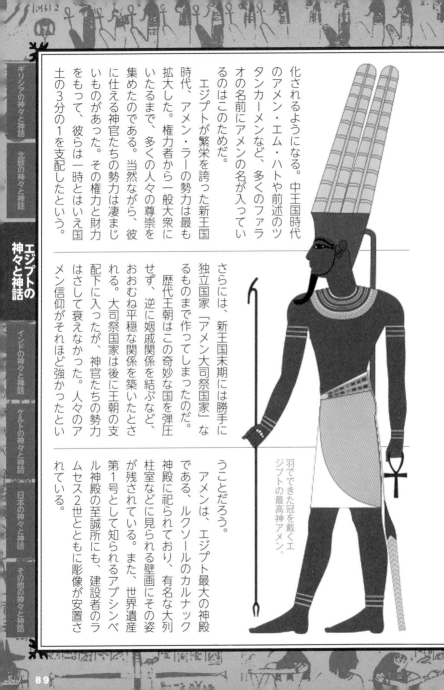

多くの神と習合した古来の太陽神
ラー
Ra

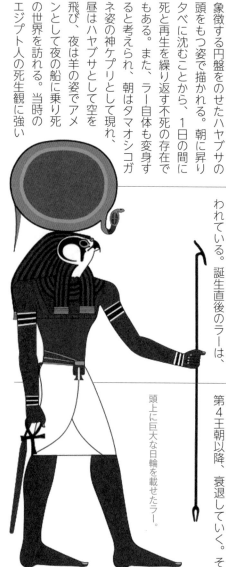

下エジプトのヘリオポリスで尊崇された、エジプト古来の太陽神が「ラー」である。名前はそのまま「太陽」の意。通常は、太陽を象徴する円盤をのせたハヤブサの頭をもつ姿で描かれる。朝に昇り夕べに沈むことから、1日の間に死と再生を繰り返す不死の存在でもある。また、ラー自体も変身すると考えられ、朝はタマオシコガネ姿の神ケプリとして現れ、昼はハヤブサとして空を飛び、夜は羊の姿でアメンとして夜の船に乗り死の世界を訪れる。当時のエジプト人の死生観に強い影響力をもち、墓の副葬品である「死者の書」などには、ラーの援助を願う祈りが大量に登場する。

ラーはやがて、原初の創造神アトゥムと同一視されるようになった。彼はヌンと呼ばれるカオスの沼から生まれた。ヌンのイメージは、氾濫期にあるナイル川だといわれている。誕生直後のラーは、石の尖塔オベリスクの先端に居を定めた。このオベリスクも、四角錐で先端を太陽に向けるピラミッドも、すべては古代エジプト人の太陽信仰＝ラー信仰の表れである。

ラーへの信仰は、ピラミッド建造が最高潮に達した古王国（紀元前2680～前2185年ごろ）第4王朝以降、衰退していく。そ

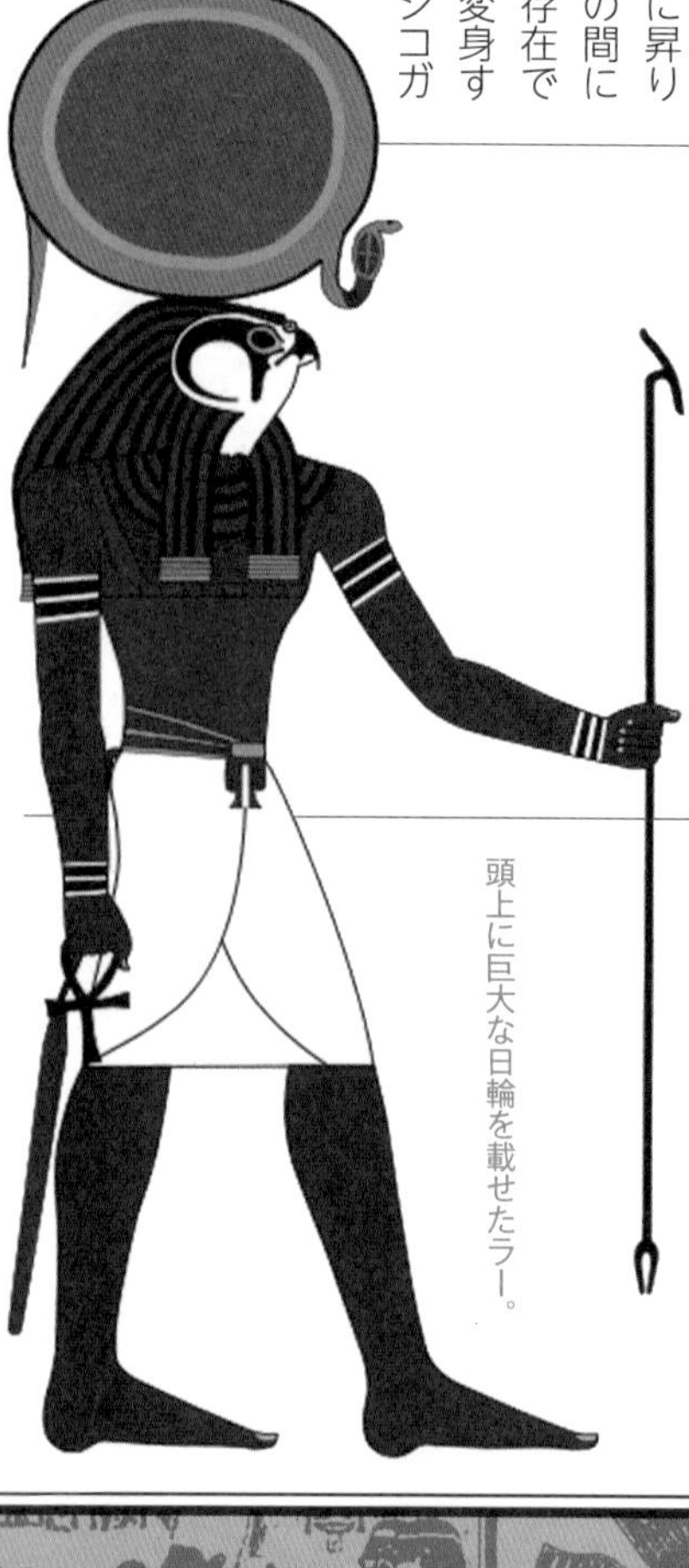

頭上に巨大な日輪を載せたラー。

して中王国時代以降、テーベを中心に信仰を集めた新たな神アメンが登場してくるのである。習合してアメン・ラーとなったラーの隆盛は、アメンの項で述べた。さらに、他の地方の神々もこぞってラーとの習合を望んだため、エジプトにはラーの名をもつ神が増殖したのである。

ラーをかたどったツタンカーメンの装飾品。

こんな伝承がある。ラーの子であるシュウとテフヌトが旅に出て行方不明となった。ラーが悲しんでいるときにふたりが帰ってきたので、彼が嬉し涙を流すと、その涙から最初の人間が生まれたという。別の伝承では、ラーは年齢を重ねるにつれ意地悪な神となった。彼の意地悪は不信心な人間に向けられた。

あるときラーは、自らの左目から生まれた女神セクメトを地上に送る。彼女は獅子の頭をした残虐な女神で、ラーは彼女を送り込むことで人間たちを脅し、困らせようと思ったのだ。ところがセクメトは人々を殺戮し、ラーは後悔した。だが、血に飢えた彼女を止められない。そこでラーは、彼女が寝ている間にビールを作った。目覚めたセクメトはそれを飲んで酔い、ようやく人間を殺すという目的を忘れたのだった。

その後、ラーは人間に愛想をつかし、天上高くに逃げようとした。そのときラーの体を支えていた天空の女神ヌトが高さのあまり目がくらんだので、大気の神シュウがヌトの下に入ってその体を支えた。さらにそれを、ヌトの兄弟である大地の神ゲブが支えた。この結果、太陽、空、大気、地の位置が定まったのだという。

オシリス
Osiris

農業神にして冥府を統べる裁判官

ミイラ姿で冥府に復活したオシリス。

もともとオリエント由来と考えられる「オシリス」は、農業神であった。だが、エジプトの中心的な神々のひとりとなってからは、死者の守護神としての役割が最も重要となる。その名はギリシア語で、古代エジプト語ではウシュ・イルと呼ばれる。

農業神としての彼は、初歩的な農業技術しか存在しなかった王朝時代以前のエジプトに、最先端の技術を持ちこんだと考えられる。とくにナイル川の氾濫を予知し、毎年それに合わせた農業計画を立てられる高度な技術は、人間の逃れられない運命＝死をも克服できると信じられたのかもしれない。それゆえ農業神オシリスは「再生」と「復活」を司り、「冥府の王」としても崇められるようになったのである。冥府でのオシリスは裁判官であり、正しい者の魂には、死後も永遠の生命を約束するのである。

オシリスが「農業」と「冥府」という、この異質と思えるふたつの世界を司る神となった理由は、次の神話で明らかになっている。

――大地の神ゲブと天空の女神ヌトの間に生まれたオシリスは、父からエジプトの王位を継承し、妹イシスと結婚した。彼は農業神として人々に小麦の栽培やパン、ワインなどの製法を教え、一方で法律を制定して広めるなど、善政を敷いた。さらには、他国にまで自分の技術を伝えたので、その名声は高まる一方だった。

　ところが、オシリスの弟セトはそんな彼をねたみ、虎視眈々と王位を狙っていた。そして機会を捉え、兄を謀殺したのだ。

　オシリスの遺体はバラバラにされ、ナイル川に捨てられた。妻イシスは14の破片となった夫の遺体を13個まで拾い集め、ミイラの姿に復元した。ただし破片が1個足りず、ミイラが不完全であったために、オシリスは生者の世界ではなく冥府に復活することになった。

　セトに奪われた王座は、オシリスの後見のもと、息子ホルスとイシスが協力して奪還した。こうして現世はホルス、冥府はオシリスが統治することになったのである。

　なお、この神話はエジプト伝来のものではなく、1世紀ごろのギリシアの哲学者プルタルコス著『イシスとオシリスについて』による。

　オシリスは通常、権力の象徴である王冠をかぶり、手に杖と鞭を持った姿で表される。多くが復活したときを表す白い包帯を体に巻いたミイラ姿だが、農業神として大地を表す黒か緑の衣を身につけている場合もある。

　また、オシリスとイシスの夫婦は兄妹ということで、一見、近親相姦のように思える。しかし、古代エジプトの王家では王位継承のとき王子と王女がいれば、兄妹、もしくは姉弟で形式的に結婚する習慣がある。後世のかのクレオパトラ7世も、当初は弟と結婚していたのである。

死者を裁くオシリス。後ろにいるのは妻イシスと夜の女神ネフティス。

魔術を操る豊穣と母性の女神
イシス
Isis

ギリシア神話に、ゼウスが妻ヘラから隠すために、愛人イオ（ヘラに仕えた巫女）を牝牛に変えるという話がある。その正体はヘラに露見し、イオは追われてイオニア海（地中海中部）を泳ぎ渡り、エジプトにたどり着いて「イシス」になったという。この話からもわかるように、どうやらイシスはエジプト起源ではなく、ナイル川下流域に住んでいたオリエント系の人々が崇めた神だったらしい。イシスという名すらギリシア語で、エジプトの言葉ではなかったのだ。

だが、イシス（エジプト名アセト）はやがて、大地の神ゲブと天空の女神ヌトの娘として、ヘリオポリスにおけるエジプトの神の列に加えられた。そして、兄オシリスと結婚してホルスを生み、全エジプトを統べる母なる女神となったのである。

彼女に対する信仰の根拠は、主に前項のオシリス復活神話において果たした役割に基づくものである。それは魔術によって死者を呼び戻し、再び命を与えるというものだ。また、ナイル川の氾濫によって、いったん生命を

玉座の冠を戴いたイシス。

失った大地を再生させるという、地母神としての役割も大きかった。

イシス信仰はエジプトのみにとどまらず、オリエント世界全体に広がっていく。そして、プトレマイオス朝（紀元前305～前30年）を通じて共和政末期のローマに持ち込まれ、帝政になって以降は広大なローマの領土のほぼ全域で崇拝された。

イシスはおそらく古代エジプトの神々のなかで、最も広範囲で尊崇された神だったのではないだろうか？

ちなみに、イシスが息子ホルスに授乳する様子が、「幼児イエスを抱くマリア」のイメージにつながり、聖母マリア信仰のもととなったともいわれる。さらに、オシリスの復活にまつわる彼女の魔術的な力から、たとえばフリーメーソンなどの神秘思想にも影響を与えたといわれる。

かつてナイル川下流のサイス市に巨大なイシス神殿があった。その神殿の碑文には、彼女の次のような神秘的な言葉が刻まれていたという。これは真理の本質を表すものとして、後世のヨーロッパでも好んで引用された。

「われイシスはかつてありしもの、あるもの、あるであろうもののすべてである。いかなる人間もわれを明らかにすることはできない」

なお、他の神話ではイシスはラーの娘とされ、魔術を用いて父であるラーから支配権を強奪したというエピソードも残っている。

イシスは冠をかぶり、片手にアンク十字、片手は生殖の象徴として自らの乳房を抱いた姿で表されることが多い。後には、トビの頭や牝牛の頭、あるいは牝牛の角をつけた姿なども見られ、豊穣の女神として、農業にかかわりがある三日月や穀物の穂を持っていることもある。

ホルスに授乳するイシス。牝牛の角をかたどった冠をつけている。

偉大なる神々の息子にして天空の支配者

ホルス

Horus

　再生を司り、大地を治める神でありながら、太陽神ラーの化身として、天空の世界の覇権をも握る「ホルス」……。彼の名もまた、両親と同様にギリシア語であり、古代エジプト語では「ヘル（またはハルで遠くにある者の意）」という。その名のごとく、ホルスは砂漠の上空を高く、どこまでも遠く、悠々と滑走するハヤブサの姿、またはハヤブサの頭をもった姿で表される。ときにそれは太陽円盤を載せていたりもする。

　そもそもハヤブサというのは、上エジプトの蛇に対し、下エジプトのファラオの象徴である。その証拠に、ホルスの原形のひとつである「ハロエリス」というハヤブサの神は、太陽と月を目にもつ神であった。この目は「ウジャトの目」と呼ばれ、すべてのものを見通すといわれる。

　また、同じくホルスの原形のひとつ「ホルス・ベフデティ」は、戦闘において王とともに戦い、勝利をもたらす神である。そして、下エジプトに栄えた古王国第1王朝時代から、ホルスはすでにファラオの化身であった。

　しかし、上下エジプトが統一され、強大な権力をもつファラオが全エジプトに支配権をもつようになってくると、ハヤブサの神だけでは物足らなくなってきたと思われる。当時のファラオの王冠には、上下エジプト統一を記念して、ハヤブサと蛇の両方が飾られていた。

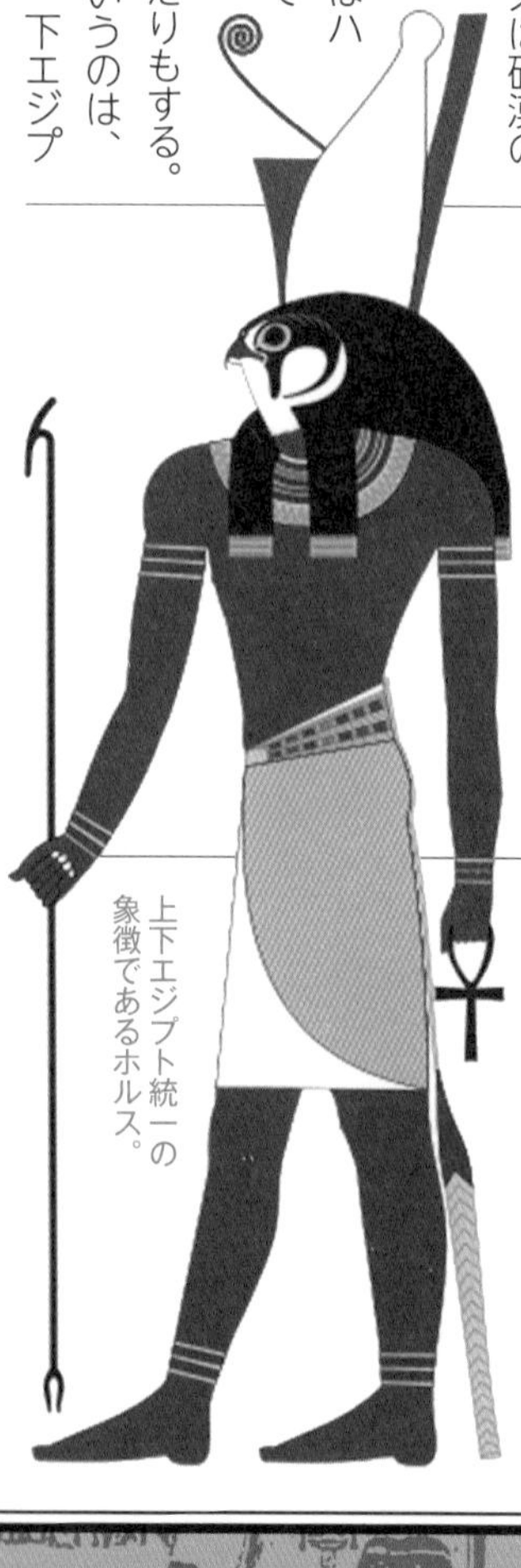

上下エジプト統一の象徴であるホルス。

アスワンのエドフ神殿に置かれた、ハヤブサ姿のホルス像。

そこで、ホルスもランクアップさせる……ということで、彼は「ラー・ホルアクティ」として、太陽に巻きついた蛇を頭に乗せた姿で描かれたりするようにもなったのである。

さらにここまで来ると、ホルスは太陽神ラーが変身した神であるケプリと一緒になったり、創造神アトゥムのすべてを見通す目まで同じ画面に描き込まれたり……ということが、平気で行われるようになったのだ。

ところで、ホルスのもうひとつの顔といえば、なんといってもオシリスとイシスの息子ということだろう。

ホルスはオシリスの死後、イシスが自らの魔術によってひとりで妊娠し生まれた。成長後、ホルスは父を陰謀に陥れて殺害し、エジプト王の地位を奪った叔父セトを倒し、王座を奪還する。復讐を終えた後、ホルスは現世で人々を導きつつ、冥府では父が裁判官を務める法廷の手助けをするようになるのである。

なお、この神話は『ホルスとセトの争い』というパピルス文書でも伝えられており、古くからエジプトでよく知られたものであったことがわかる。

また、ホルスの妻は女神ハトホルで、ふたりの間には4人の子がいる。4人はいずれも死者の内臓の保護者といわれている。

ちなみに、ホルスは現在、エジプト航空のシンボルであり、航空機の垂直尾翼やエンジン部には航空の安全を願って、その頭部が描かれている。

魔術を操り文字を発明した知恵の神

トート

Thoth

原初の卵から生まれたといわれる「トート」は、多くは人の体にトキの頭、頭上に月と円盤を載せ、手に文字を書くための板と椰子の枝を手にした姿で描かれる。また、古い時代に習合した神ヘジュウルの姿であるヒヒの姿をとる場合もある。トートは知恵と魔法を司り、書記と学芸の神でもある。古代エジプト人が、知恵や魂が宿る場所が脳ではなく心臓だと考えていたため、「ラーの心臓」などと呼ばれることもある。知恵と魔術の根源である月の力を制御していたことから、彼は月が支配する時間帯をも操ることができた。

知恵の神トートの発明したものは数多い。たとえばヒエログリフ(神聖文字)や数学、天文学。その他、月とのかかわりから暦作りにも関係していた。

なお、彼の名もまたギリシア語で、古代エジプトではジェフティと呼ばれている。

紀元前5世紀ギリシアの歴史家ヘロドトスが著した『歴史』では、知恵の女神アテナと同一視され、エジプトで最も尊敬を集める神とされている。その神話もまた数多く、なかには彼を創造神とするものもある。

魔術に長けたトートは、直接に

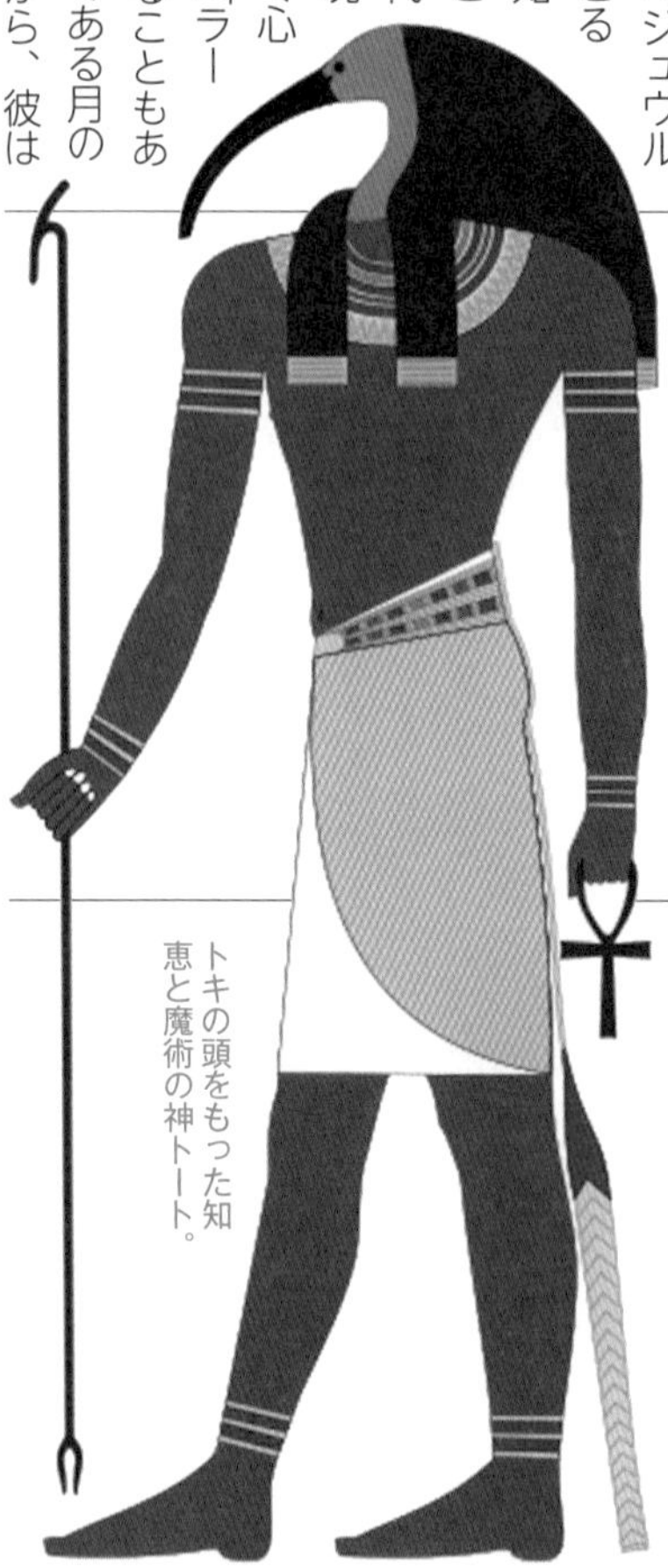

トキの頭をもった知恵と魔術の神トート。

ラムセス3世の墓所に描かれたトート（右）。

は権力とかかわりをもたないが、戦争に明け暮れるファラオや神々を助け、呪文で敵を倒すこともあったらしい。死んだオシリスを甦らせる魔術をイシスに教えたのもトートであり、彼らの息子ホルスが宿敵セトに目を傷つけられた折に、呪文の力で視力を取り戻させたのもまたトートである。

　終始一貫してオシリスの味方であったトートは、冥府でもやはりオシリスの補佐役を果たしていた。法廷の書記役として、人間の魂における罪の計測結果を几帳面に台帳に書き込んでいたのだ。

　トートの活躍は後に地中海世界、さらに後世のヨーロッパ全体にまで広がっていくことになる。なお、前述のアテナだけではない。トートはまた、同じギリシアの伝令の神ヘルメスとも同一視された。どうやらトートが文字の発明者であり、神々の書記役であったため、神々の伝令を務めていたヘルメスと結びつけられたもののようだ。

　やがてこれが発展して、伝説の神人かつ錬金術師であるヘルメス・トリスメギストスを生んだ。これは、トートとヘルメスが融合し、さらにふたりの威光を継ぐ人物である錬金術師ヘルメスが同一視されて生まれたもので、その名の意は「3倍偉大なヘルメス」である。

　さらに、彼にあやかって世界の神秘を知りつくそうという思想を「ヘルメス思想」という。ちなみに、ヘルメス思想では古代エジプトの叡智はタロットに残されたと考えられたため、タロットを「トートの書」と呼ぶこともある。

ミイラ作りの始祖たる冥府の神
アヌビス
Anubis

古代エジプト人にとって、砂漠に棲むジャッカルは身近であり、かつ危険な存在だった。鋭い牙で生肉を引き裂き、地底から漂ってくるような無気味な声を砂漠に響かせる……。そんなジャッカルの頭をもつ神「アヌビス」が、死後の世界と結びついたのは、決して不思議なことではないだろう。

アヌビスは比較的古くから崇拝されてきた死者の神である。ときに死神と混同されることもあるが、れっきとした死者の守護神なのだ。他のエジプトの神々と同様、その名はギリシア語であり、古代エジプト語ではインプゥという。多くはジャッカルの頭部をもつか、またはジャッカルそのものの姿で表された。ただし一説によると、ジャッカルに似てはいるものの、現在は絶滅した他のイヌ科の動物か、架空の動物の可能性もあるという。

アヌビスの母はセトの妻で、やはり死者とかかわりが深いといわれる女神ネフティス。だが、父はセトではない。セトの兄オシリスとの一夜の過ちでできてしまったのがアヌビスなのだ。ネフティスはもちろん、夫のセトがオシリスを敵視していることは知っていたので、誕生直後のアヌビスを、あわてて葦の茂みに隠したという。このためもあってか、セトとホルスの戦いにおいて、アヌビスは一貫してホルスの側についた。

冥府の神であるアヌビスは、セトの奸計によって殺された父オシリスの遺体を、イシスの指示でミ

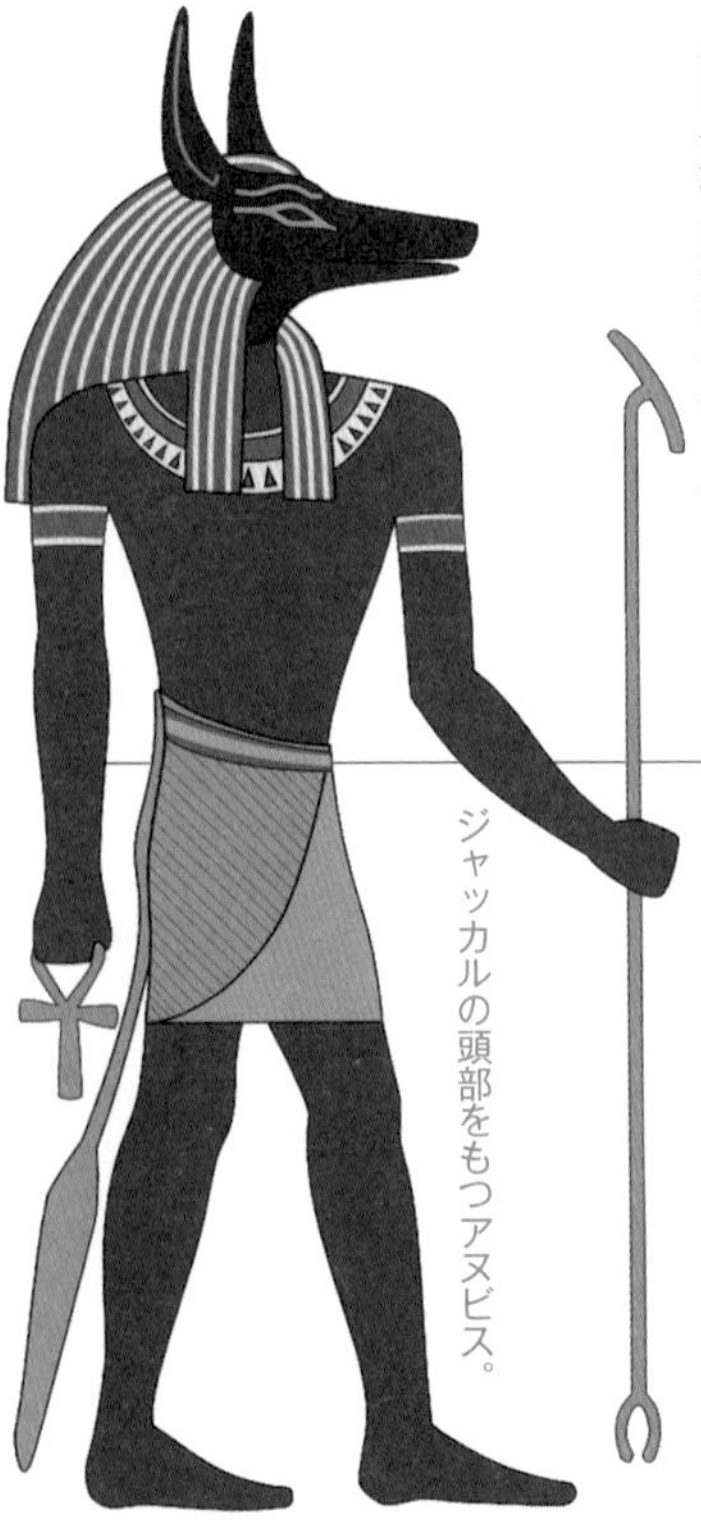

ジャッカルの頭部をもつアヌビス。

「死者の書」に描かれたアヌビス（右）。

イラにすることになった。このオシリスのミイラが、古代エジプトにおける第1号のミイラである。

　それ以来、人々はオシリスにあやかり、死後の自らの体をミイラにすることが当たり前になっていったのだ。そして、人間たちのミイラ作りを監督するのも、アヌビスの役目となった。その過程で、ミイラが腐らないようにタールを塗るなどして防腐処理をするのだが、このとき遺体がタールで真っ黒になるのと関連して、アヌビスの顔も黒いのだという。実際にミイラを作ったり祀ったりする職人や神官は、これらの儀式のとき、アヌビスの仮面をかぶったといわれる。遺体から内臓を抜くなど、ミイラ作りの一連の作業に関連して、アヌビスは後に医学の神とも称されるようになった。

　彼の監督の下で完成したミイラが墓に運び込まれると、アヌビスはその腹を食いちぎる。魂「バー」を解放し、冥府に案内するためだ。冥府に着くと、アヌビスはオシリスのよき補佐役となる。トートとともに死者の罪の軽重を測る天秤の番もした。この作業をするアヌビスの姿は、ピラミッド内の壁画などにも残されている。

　このように、アヌビスは死者にとってきわめて重要な神であった。そのため、墓には必ずジャッカル姿のアヌビスが描かれたのである。

あるべき正しさを体現する女神
マアト
Maat

古代エジプトにおいて、真理、正義、秩序といった、あるべき正しさを包含した概念を神格化したものが、女神「マアト」である。

父は地上にもたらすまばゆい光と秩序のシンボルたる太陽神ラー。多くは頭上にシュウと呼ばれる、ダチョウの羽を載せた姿で表される。

このマアトの羽はまた、「真実の羽」とも呼ばれた。そして、冥府の王オシリスによって死者の裁きが行われる際、天秤の皿の一方に載せられるのである。もう一方の皿には死者の心臓が置かれる。心臓が羽より重ければ、それは死者が過去に犯した悪行によるものなのだ。罪による穢れが露見した心臓は、天秤の下で待ちかまえている怪物アメミットに食べられてしまう。古代エジプトでは霊魂の不滅が信じられ、魂は心臓の中に宿るとされていたので、食われた魂は二度と転生することができない。つまりそれは、まさしく永遠の破滅を意味することであったのだ。

ちなみに、正しく天秤の釣り合いを見るのは魔術と知恵の神トート。マアトには特筆すべき神話はないが、一説では彼女は、このトートの妻でもある。

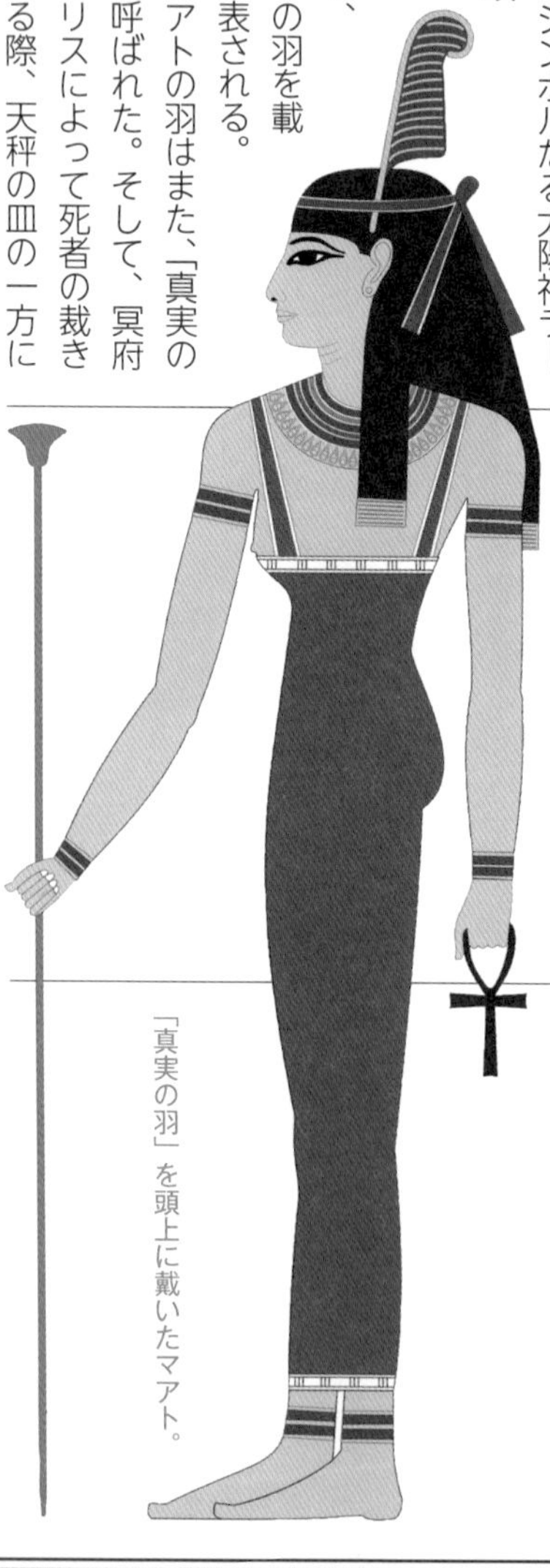

「真実の羽」を頭上に戴いたマアト。

ハトホル

Hathor

女性の美徳と母性を体現した女神

「ハトホル」は、オシリスとイシスの息子ホルスの妻である。しかし、夫を取り戻すために果敢に戦った義母イシスとは対照的に、オシリス神話のなかでハトホルは目立った働きをしていない。ひたすら夫の無事を祈って家を守ることに専念していたのである。

だが、そのためにこそ、ハトホルはごく普通のエジプトの女性たちに愛された。安産、母性、子孫繁栄、愛、喜びなど、女性に備わった美徳や幸福感などすべての守護神とされた彼女は、熱心な信者たちに惜しみなく加護を示した。

ハトホルに魅了されたファラオの王妃たちもまた、自らを彼女の分身になぞらえ、こぞってハトホル神殿を建てた。

さらに、冥府の王オシリスへの信仰が強くなっていくと、ハトホルは冥府にやってきて人間の魂の世話をしてくれるとも考えられた。死者たちはハトホルの腕に抱かれ、乳を飲みながら、安らかに復活までの時間を過ごすことができたのだ。なお、彼女はギリシア神話のアフロディテとしばしば同一視された。

イシス同様、頭部が牝牛か、または角が生えた牝牛の頭飾りをつけた姿で表されることが多い。

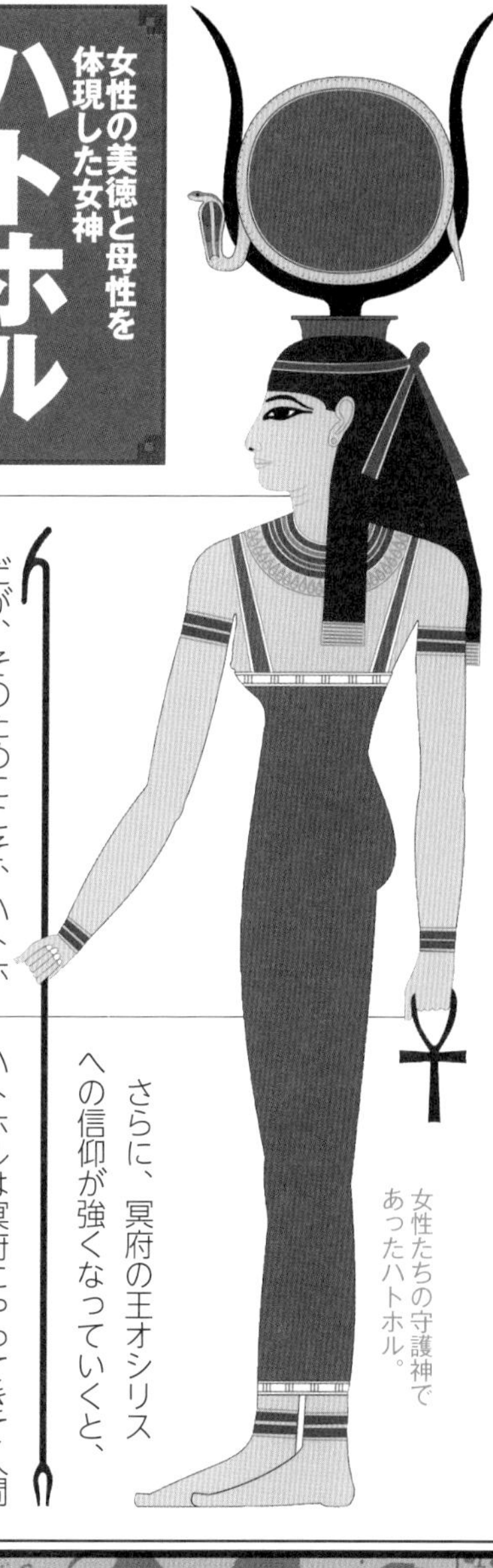

女性たちの守護神であったハトホル。

王座をめぐる争いに敗れた嵐の神

セト

Set

　肌の色は古代エジプト人が忌み嫌った不吉な赤、母ヌトの子宮から自分自身を引きちぎり、脇腹を破って生まれ出てきたのが「セト」だといわれる。嵐の神とされ、砂漠に砂嵐を巻きおこすのもセトの仕業という。セトは、オシリス神話のなかでは、徹底的に悪役として扱われている。口先が細長いその頭部は、土豚、河馬、鰐、蛇のいずれにも似て醜い。

　セトが人々に忌避された理由は、一説にはその出自にあるといわれる。豊穣と復活を象徴するオシリス信仰が、下エジプトの肥沃なデルタ地帯経由で東方の小アジアから輸入されたのに対し、もともとセトを信仰していた上エジプトの人々は、砂漠を通ってリビア経由でやってきたとされる。農業を軸に、下エジプトがどんどん豊かになっていくのに比べ、いくら技術が進んだとはいえ、もともと農業に適した土地も少なく、気候が厳しい上エジプトの神であるセトは、次第に影響力が低下していったというのだ。

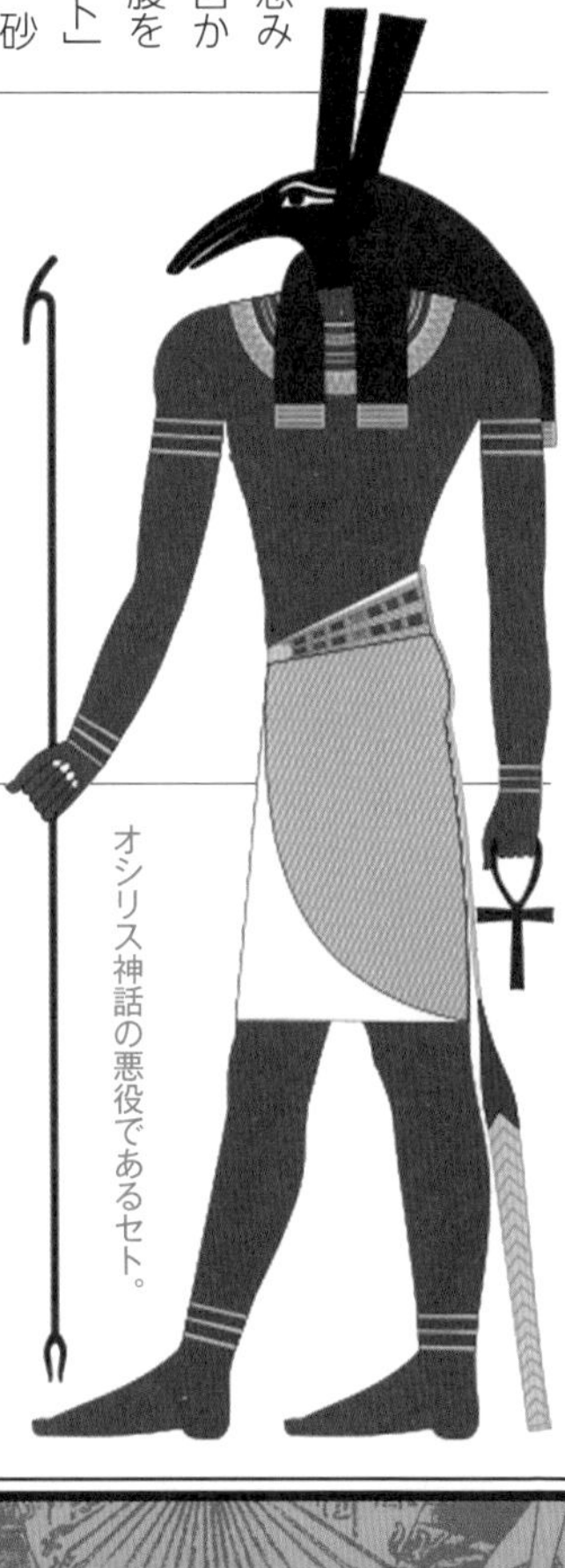

オシリス神話の悪役であるセト。

　だが、いかに生まれ方が強烈でも、セトはオシリスと同様、原初の神ゲブの正当な息子だ。彼がオシリス信仰のなかに埋もれきってしまうことはなかったのである。結局、こうした下エジプトと上エジプトの力関係が、セトを悪役とした象徴的なオシリス神話を生み出したことは間違いないだろう。

　では、セトは本当のところ、どんな神だったのだろうか？　父であるゲブから長男オシリスは下エジプト、次男セトは上エジプトを譲られた。肥沃な下エジプトを得た兄をセトはねたんだ。そして王位と領土を奪うため、セトはオシリスを策略にかけ、殺してしまうのだ。セトが生まれるときに産道を通らず、母の子宮から直接生まれたというのも、とにかくオシリスより先に生まれて長男としての権利を主張するつもりだったからという。結局、それはかなわなかったのだが……。

アブシンベル小神殿内のセト（左）とホルスのレリーフ。中央の人物はラムセス２世。

だが、80年におよぶオシリスの息子ホルスとの王座をめぐる戦いのすえ、セトは敗れ去った。そして、上下エジプトの支配権はホルスの手に渡った。セトに与えられたのは不毛の砂漠や外洋、すなわち異民族の地だったのである。

とはいえ、セトは一方的に悪役ばかり演じたわけではない。砂漠を渡る商人たちは彼を守護神として崇めたし、一時期エジプトを支配したアジア系のヒクソス人たちの崇拝の対象ともなった。後にはセトは彼らの神バアルと同一視されるようになった。

さらには、セティ1世などセトの名を冠したファラオも現れた。セティとは「セト神による君主」の意である。

ちなみに、セトもやはりギリシア名で、古代エジプト名はセウテクという。

天と地と大気の神たち

ヌト、ゲブ＆シュウ

Nut, Geb, Syu

その昔、天空の女神「ヌト」と大地の神「ゲブ」の双子の兄妹は、固い愛で結ばれていて、ぴったりと抱き合って離れなかった。これをねたんだ太陽神ラーは、大気の神「シュウ」を遣わして、ふたりを引き離した。それでようやく天と地が分かれて、間に空間ができ、人間が住めるようになったという。

空、空気、地の位置がこうして定まったわけだが、ラーの項で紹介したものと少々異なるのが興味深い。

この3人はよくセットで描かれる。下に横たわるゲブには緑の模様が入っていて、大地に育つ植物を表している。ゲブの上にアーチ形にかぶさるのは天の女神ヌト。彼女の体そのものが空だから、太陽や月、星々も体内に宿している。最高神ラーでさえ、夜になるとヌトに飲み込まれて、朝には吐き出される運命にあった。ただ、ヌトにとってラーを吐き出すのは大変な苦痛で、彼女が流す血のために朝の空が暁に染まるという。

なお、シュウは創造神アトゥムの子で、ヌトとゲブの父である。彼はゲブの上に立ち、ヌトを支えるという。

上からヌト、シュウ、ゲブ。

家庭を守護した勇敢な猫の女神
バステト
Bastet

猫の頭部をもつことで知られる「バステト」は、豊穣の女神である。本来は下エジプトのデルタ地帯にあった都市ブバスティスの守護神だった。当時、ブバスティスで繰り広げられる彼女の祭りは、かなり盛大なものだったらしく、紀元前5世紀ギリシアの歴史家ヘロドトスが、その著書のなかでくわしく書き記しているほどだ。

テフネトはまた、母性愛が強かったこともあり、多産の女神としても崇められた。その反面、頭部を猫から獅子に変えて魔物と戦う勇敢な面ももっていたため、いつしか家を守護する女神として、他の多くの都市の人々にも崇拝されるようになった。

そのためエジプトでは、彼女の聖獣ともいえる牡猫を敬う気風が生まれ、家族と一緒に同じ食器で食事をする風習も広まった。そして牡猫が死ぬとミイラにして、儀式の後に埋葬したという。その証拠に、前述のブバスティス近郊で猫の埋葬地が発見され、多くの猫の彫像やミイラが発見されている。

後にバステトはイシス、ハトホル、原初の神アトゥムの娘テフネトなどと習合した。

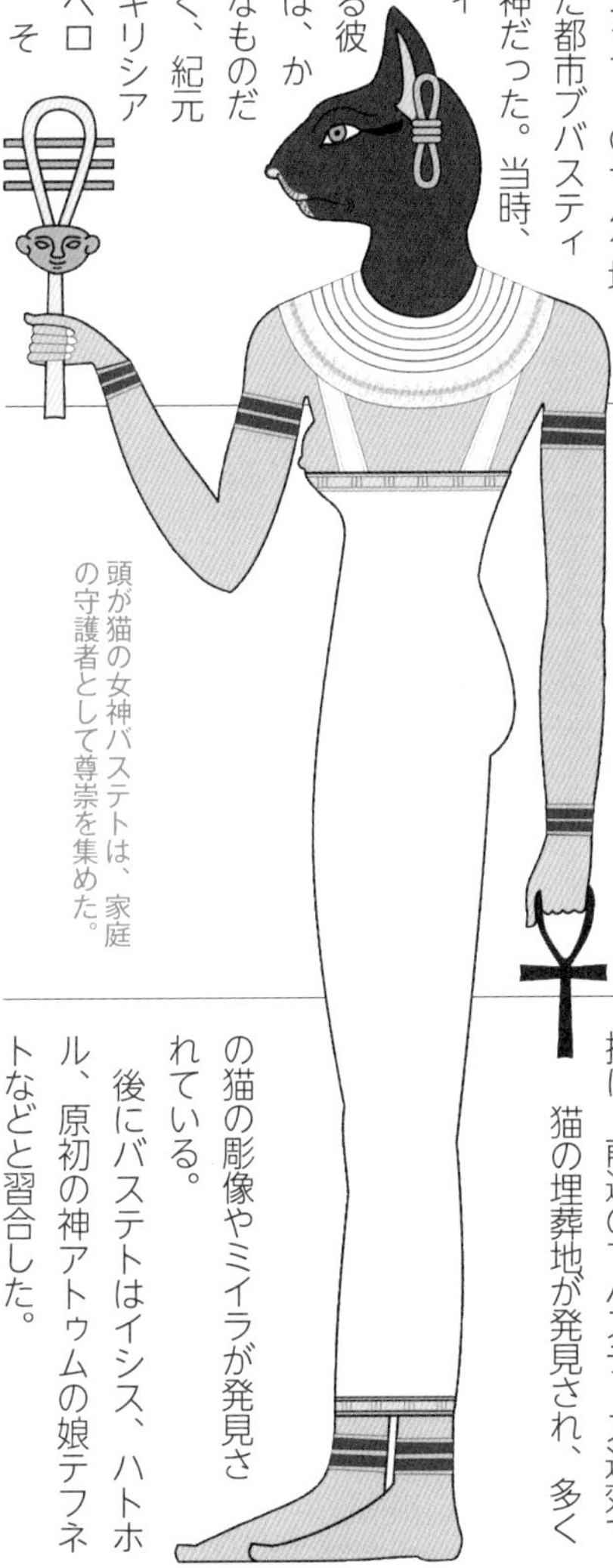

頭が猫の女神バステトは、家庭の守護者として尊崇を集めた。

エジプト最高神の妻にして国家の母
ムト
Mut

女神「ムト」はテーベの守護神であったが、同じく守護神のアメンが太陽神ラーと習合して最高神になるのと並行して彼の妻となり、エジプト最高の女神となった。そして、ホルスやアメン・ラーがファラオと同一視されたのと同様、ムトもまた歴代の王妃と一体化したのである。ただし、アメン・ラーには当初、アマウネトという妻がいて、ムトはそれを押しのけて、妻の座を獲得したらしい。

新王国時代に、毎年テーベで行われたアメン・ラーとムトの結婚の儀式は、かなり盛大なものだったようだ。カルナックのアメン神殿から生まれたアメン・ラーを擁した大船団が、テーベのムト神殿までナイル川を進み、そこでアメン・ラーの託宣が下ったという。

ムトは、アメン・ラーがエジプトの主神となった後は、国家の母としても祀られた。

その姿は、ハゲワシの頭飾りに白い冠、もしくは二重冠を載せた姿で表されることが多い。また、彼女の護符にはイシスと同様、イスに座って授乳する女性の絵柄が多く、イシスの護符と区別がつきにくい。

「国家の母」となったムト。

万物と神々を言葉で創造した神

プタハ

Putaha

『新約聖書』のなかの「ヨハネによる福音書」の冒頭部分「初めに言葉ありき」は、読者もよくご存じだろう。このように、言葉によって世界が創造されたという信仰は、ヘレニズム以前から、地中海の沿岸諸国にあった。

古王国時代に首都があった、下エジプトのメンフィスにおける最高神「プタハ」が、この言葉の神だった。彼は言葉を発することによって万物を、そして他の神々を創造したのである。それらの神々はプタハの体内にとどまって、ホルスはプタハの心臓に、トートは舌になり、さらにこの2神が合体して、アトゥムになったという。

このかなり観念的な神プタハは後世、さまざまな神々が台頭してくるにしたがって、地位が低下していくが、それでも頭をそり、髭をたくわえ、老人の杖のような長い棒を持ったミイラ姿の異形の神は、エジプト神話にとどまったのである。

なお、古王国第4王朝時代に、ジョセル王によって史上初の階段ピラミッドが造られているが、設計者である当時の宰相イムホテプは、死後プタハと習合して神とされている。

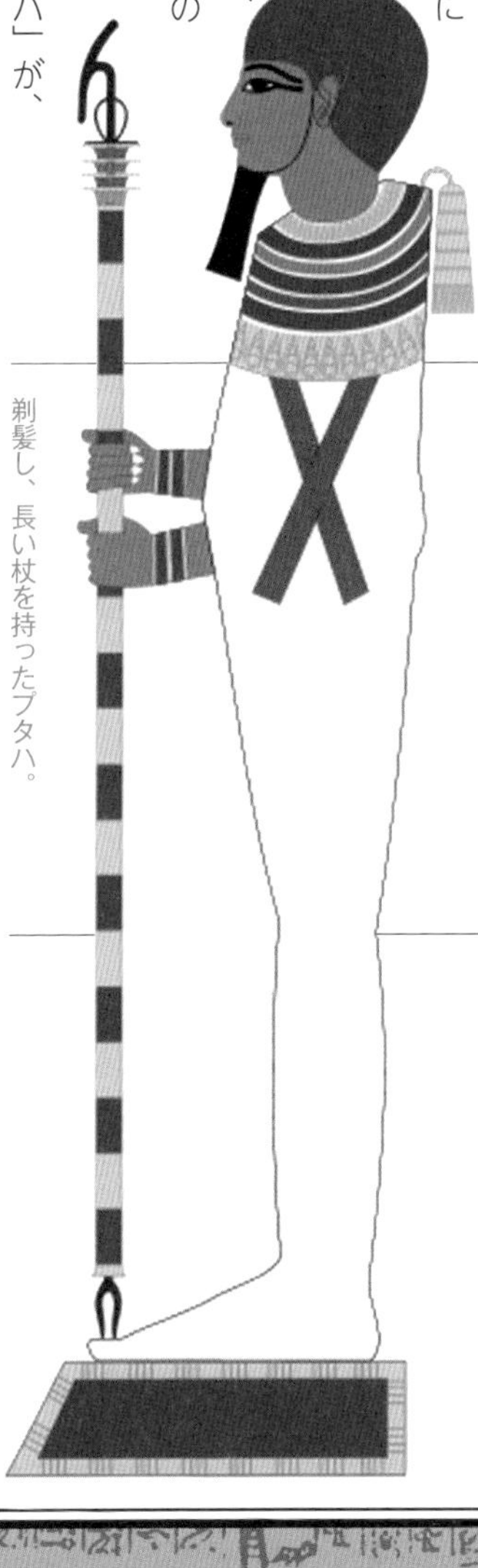

剃髪し、長い杖を持ったプタハ。

第4章◎インドの神々と神話

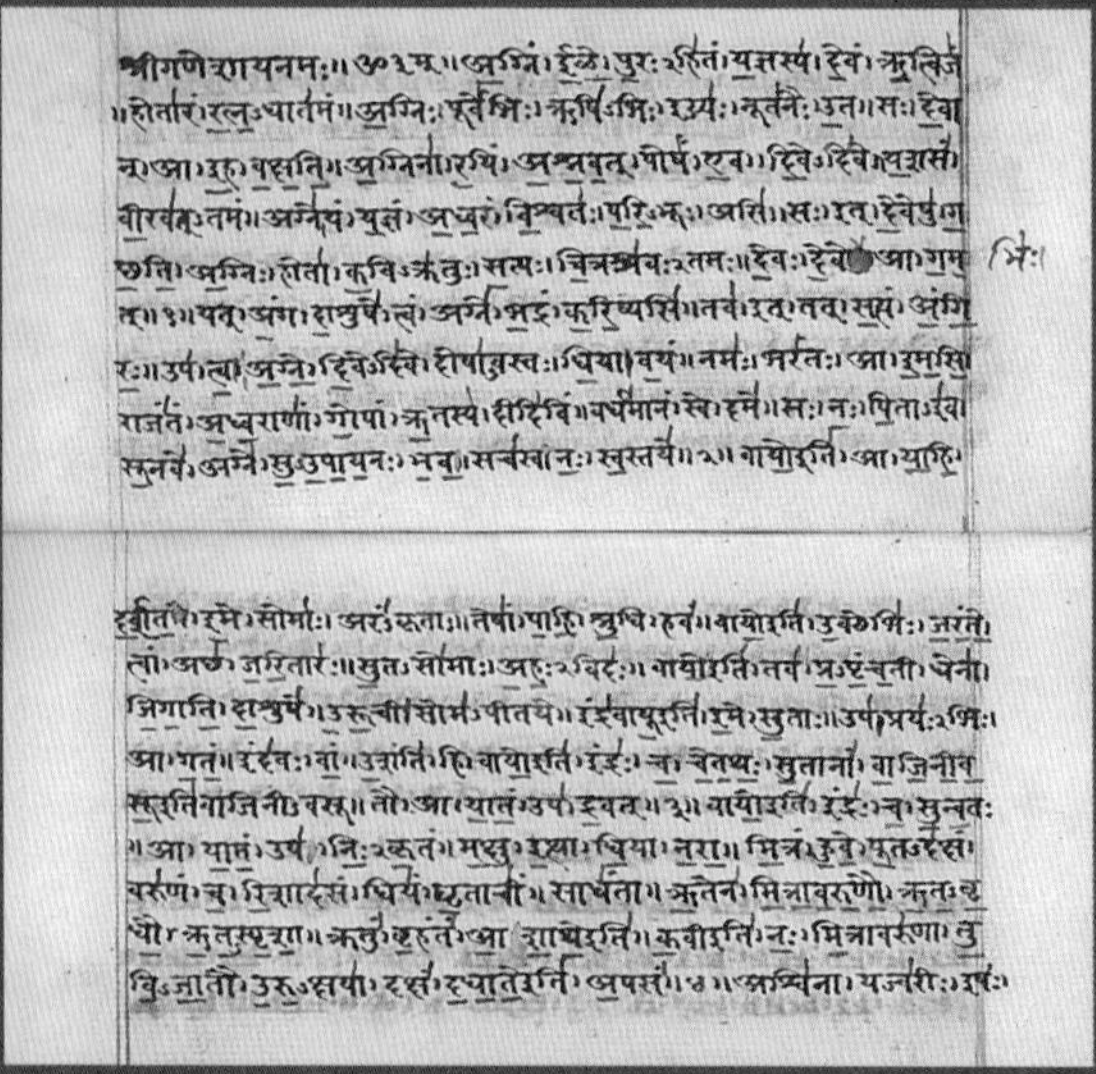

最古の「ヴェーダ」として知られる『リグ・ヴェーダ』の写本。

　インドの神話は大きくヴェーダ神話とヒンドゥー教神話に分けられる。前者はインド最古の宗教文献でバラモン教の聖典『ヴェーダ』に現れる神話だ。自然に捧げた讃歌から始まった『ヴェーダ』に登場する神々は、太陽や風など自然由来のものが多い。神々はさらにデーヴァ神族とアスラ神族とに分かれる。主に現世利益を司ったデーヴァ神族には、雷神インドラや火の神アグニなどがいる。アスラ神族は当初は倫理を司っていたが、やがて悪魔族として扱われるようになった。なお『ヴェーダ』の解説文書『ブラーフマナ』にも、神話や伝説が含まれている。

　その後、仏教が隆盛を極めたものの、土着の信仰や習俗を取り入れたバラモン教が、ヒンド

ヒンドゥー教の三神一体。左からヴィシュヌ、シヴァ、ブラフマー。

ゥー教へと変貌していく。ヒンドゥー教神話の代表的な文献といえば、叙事詩『ラーマーヤナ』と『マハーバーラタ』に尽きる。これらが成立したのは前者が3世紀ごろ、後者が5世紀ごろといわれる。『ラーマーヤナ』がラーマ王子の冒険譚であるのに対し、『マハーバーラタ』は部族間の戦争物語である。どちらも多くの神話や伝承を含んでいるのが特徴だ。

ちなみに、ヒンドゥー教の主要神は創造のブラフマー、繁栄のヴィシュヌ、破壊のシヴァで、この3者は「三神一体」と呼ばれ、本来は1体の神として考えられている。

世界の破壊と再生・恩恵を司る最高神

シヴァ

Siva

最高神シヴァ。その額には第3の目があるという。

ヒマラヤの聖地カイラス山。この山頂で苦行をしているのが、三神一体のひとり、破壊の最高神「シヴァ」である。鋭く屹立するカイラス山の山容は、祈りの対象となるリンガ（男根）にふさわしい。ときに宇宙的根源力を感じさせる強い神秘性さえ漂わせている。

このときのシヴァは、青白い裸体に虎の皮を腰にまとい、首に蛇を巻きつけ、伸ばした髪を頭上に結い上げた苦行者の姿で描かれる。額には3本の横線が引かれ、手には三叉の武器トリシューラを持つ。

シヴァとは「吉祥」を意味するが、この神はヒンドゥーの神々のなかでも最多の別名をもつ。

なかでも有名なものに、バイラヴァ（恐怖の殺戮者）、マハーデーヴァ（偉大なる神）、パシュパティ（家畜の王）、シャンカラ（恩恵を与える者）などがあるが、このシャンカラの名が生産や生殖を司る神とされたので、リンガ崇拝が生まれたのである。ナタラージャ（踊りの王）などの名もあり、広い神格を与えられているのも特徴だ。

シヴァにまつわる神話をいくつか紹介しよう。

「世界周期の終わりのとき、ブラ

フマーとヴィシュヌが、ともに自らを〝世界の創造主〟と称して争っていたとき、巨大な火炎を放つリンガが襲来した。ふたりがその偉大さを認めて賛歌を唱えると、リンガのなかから3つの目をもち、千の手と千の足をもつシヴァが出現した」

「あるとき偉大なバギラータ王が、6万人の先祖の王子を供養するために苦行をした。それを知ったブラフマーは、聖なる天の川ガンジスを地上に流す許可を与えた。だが、地上に直接流すと、かなりの衝撃が予想される。シヴァに祈ると、神は自らの豊かな髪でそれを受け止めることを約束した。こうしてガンジスの奔流はシヴァの髪で弱められ、7つの支流となって、大陸を流れはじめた。これによって多くの人や生き物が潤い、樹木や草原までもが、恩恵を受けたのである」

「巨人魔族の3人の魔王が三界を征服して都をたて、圧政を行った。神々はこれを打ち破るのはシヴァのみだと知った。シヴァは願いを受けたが、『私の力だけでは無理だ。すべての神々の力を半分貸してほしい』という。神々はこれを承諾した。

　そして、ブラフマーは戦車の御者、ヴィシュヌは矢に変身。魔王は3つの都を合体させて城砦としたが、満身の力を込めたシヴァの矢は、これを一撃のもとに貫いてしまった」

最初の神話が天地創造に関する偉大さ、次が果てしなく与えられる恩恵の多さ、最後がどんな難敵も撃破する強さを示している。

なお、シヴァは仏教にも取り入れられて、「大自在天」などの名が与えられたが、仏教世界を守護するだけで、強い信仰対象にはならなかった。

「踊りの王」でもあるシヴァの舞い姿。

10種のアヴァターラを有する最高神
ヴィシュヌ
Vishnu

三神一体のなかで、シヴァと双璧の力を誇る強大な神が、「ヴィシュヌ」である。その名は太陽の光と輝きを神格化したもので、サンスクリット語の「あまねく世界に広がる」という言葉が語源という。

もともと起源の古い神で、インドの古い聖典『ヴェーダ』には、ヴィシュヌは天、空、地のすべてをわずか3歩で歩く神として記録されている。

だが、ヴェーダのなかでも最古の『リグ・ヴェーダ』には、彼自身への賛歌はわずか5編しか掲載されてない。

しかも、役割としては当時の主神インドラの協力者にすぎず、後世においてシヴァやブラフマーとともに三神一体の最高神になるとは、とても想像できない地味な存在だったのだ。

ヴィシュヌの力が強大になるのは、「ヴェーダ」に付属する『ブラーフマナ（祭儀書）』という補佐的な役割の解説文書が作成されるようになって以降のこと。祭祀を通じて、主要神として扱われるようになったのだ。『ラーマーヤナ』などの叙事詩およびヒンドゥー教の聖典「プラーナ」の時代になると、その勢いはさらに増して、ついに

三界を3歩で歩くというヴィシュヌ。

は最高神としての地位を獲得する。

ちなみに、ヴィシュヌを主神とするヴィシュヌ派の創世神話によると、宇宙ができる前の混沌の時代、ヴィシュヌは竜王をベッドとして眠っており、彼のへそに咲いた1本の蓮の花からブラフマーが、さらにブラフマーの額からシヴァが生まれたという。

ヴィシュヌのへそに咲いた蓮の花からブラフマーが、さらにはその額からシヴァが生まれたという。

日ごろはメール山に妻のラクシュミーとともに住むとされるヴィシュヌは、しばしば青黒い肌、蓮華のようにきらめく目、4本の腕をもつ美青年として描かれる。そして、右の上の手にヴィシュヌのシンボルであるチャクラ（円盤または輪状の投擲武器）、右の下の手にカウモーダキー（棍棒）、左の上の手にパンチャジャナ（法螺貝）、左の下の手に蓮の花を持っている。愛用の乗り物は、太陽の鳥といわれる聖鳥ガルーダだ。

彼はまた、温厚かつ公正であり、慈悲深く、信じる者には必ず恩恵を与えるとされる。

それとともに、この世が危機に瀕したときにはさまざまなものに変化して、善が常に悪に勝つように、そして全世界を維持し、修復するために働くのである。このヴィシュヌの本質が変化した姿——化身は「アヴァターラ」と呼ばれる。

では、ブラフマーが創造し、ヴィシュヌが維持し、シヴァが破壊するとされるヒンドゥー教の世界で、アヴァターラはどんな存在だったのか？　おそらくはアヴァターラ自身、本来は古代からの各種族の神々であり、ヴィシュヌはそれらに対する信仰を取り込んで成長していった、一種の複合神だったのだろう。次ページ以降で、そのヴィシュヌの10種のアヴァターラを紹介しよう。

❶マツヤ
Matsya

世界を大洪水から救った巨大魚

あるとき人間のマヌは川で大きな魚に襲われている小さな魚を助けた。そして、この魚が成長するまで手元で育てた。やがて海に戻った魚は、マヌに「7日後に大洪水が起こり、すべての生命が滅びる」と予言した。マヌは、この魚がヴィシュヌのアヴァターラである「マツヤ」であることに気づいた。マツヤはマヌに、船を用意してあらゆる植物の種子を乗せるように告げる。

大洪水は本当に起こり、予言を聞いたマヌは助かった。後にマヌは、新たな人類の始祖となったという。

巨大魚に化身して、人類を救ったマツヤ。

❷クールマ
Kurma

神と悪魔の乳海攪拌を助けた亀

神々が不死の霊薬を手に入れようと、悪魔たちと協力することになった。ヴィシュヌは多くの植物の種子を集め、それらを乳海に放り込んだ。そして神々や悪魔たちはマンダラ山を攪拌棒にして、乳海をかきまぜた。その際、亀の「クールマ」に化身したヴィシュヌは、海底でマンダラ山を支え、攪拌のための回転軸となったのだ。ちなみに、叙事詩『マハーバーラタ』では、攪拌を助けたのは亀王アクーパーラであり、ヴィシュヌ信仰とは無関係だったが、『ラーマーヤナ』以降、クールマとなった。

乳海攪拌の最中、海底にいる巨大亀がクールマ。

❸ ヴァラーハ Varaha

大地を水中から引き上げた無敵の猪

あるとき大地が、魔神の力で水底に引きずり込まれた。神々はヴィシュヌに助けを求め、それに応じた彼は巨大猪「ヴァラーハ」へと化身した。無敵の強さを誇るヴァラーハは水中に飛び込み、戦いのすえに魔神を棍棒で打ち殺した。そして、牙で大地を支えながら水中から引き上げたという。

ちなみに、この神話の起源は「ブラーフマナ」にあるが、ヴァラーハがヴィシュヌのアヴァターラとされたのは、「プラーナ」時代以降と思われる。

大地を救った巨大猪ヴァラーハ。

❹ ナラシンハ Narasimha

獅子の頭と人間の体をもった神獣

ヴァラーハに退治された魔神にはヒラニヤカシプという兄弟がいた。彼はヴィシュヌへの復讐を誓い、ブラフマーのもとで苦行を重ねた。ブラフマーはそんな魔神に、人間にも獣にも殺されない不死身の体を与えた。ところが、自分の息子がヴィシュヌの信者と知り、ヒラニヤカシプは激怒した。そして、自らの手で息子を殺そうとしたところ、獅子の頭に体が人間という「ナラシンハ」が出現。魔神を食い殺したのだ。人間にも獣にも殺されない魔神のために、ヴィシュヌは人間でも獣でもない姿に化身したのである。

不死身の敵を倒すナラシンハ。

魔王から三界を奪還した少年僧

❺ ヴァーマナ
Vamana

　魔王バリが三界を制圧したことがあった。バラモン（祭祀階級）の少年僧に化身したヴィシュヌがバリの宮殿に赴くと、バリは彼の美しさを賛美し、なんでも願いをかなえようといった。少年僧は「3歩で歩ける距離の土地をください」と答える。バリが承諾するのを聞くや、彼は突如、巨大化して本来の姿に戻り、3歩で天、空、地を歩いて三界を奪還したのである。ちなみに「ヴァーマナ」とは「矮人」すなわち身長の低い人という意味。

矮人ヴァーマナから巨大化したヴィシュヌ。

シヴァから授けられた斧で敵を殲滅

❻ パラシュラーマ
Parasurama

「パラシュラーマ」とは「斧を持つラーマ」の意で、7番目のアヴァターラのラーマとは別のもの。かつてクシャトリア（王侯・武士階級）が、政治世界を制圧したことがあった。ヴィシュヌは神々とバラモン、民衆を守るために、聖仙ブリグ族のひとりとして誕生。
　シヴァから斧を授けられた彼は、やがて斧の達人となった。そして、クシャトリアに殺された父の仇を討ち、彼らを全滅させて、バラモンの地位を回復したのである。

シヴァから授けられた斧を持つパラシュラーマ。

インド最大の英雄ラーマ。

悪魔と戦うインド屈指の英雄

❼ラーマ Rama

あるとき、悪魔ラーヴァナが力を得て、神々を苦しめた。そこでヴィシュヌが人間の姿に化身して地上に降り、ラーヴァナと戦うことになった。『ラーマーヤナ』は「ラーマ」王子として生まれたヴィシュヌが、悪魔に誘拐された妻を奪還すべく、奮闘する物語だ。ちなみに、ラーマの妻シーターはヴィシュヌの妻ラクシュミーの化身とされ、ラーヴァナとの戦いでラーマに協力する彼の3人の異母兄弟も、ヴィシュヌの化身であるという。

民衆に最も愛された実在の英雄

❽クリシュナ Krishna

「クリシュナ」とは黒い神の意。名前のとおり青黒い肌をもつ男性として描かれることが多い。ヴィシュヌのアヴァターラのなかで、最も民衆に愛されている英雄である。彼は実在した可能性が高く、死後に神格化されたらしい。

神話によると、クリシュナは悪王カンサを滅ぼすためにヴィシュヌの化身としてこの世に生まれた。幼児のころから多くの奇跡を現出し、長じて後はその美貌ゆえにいくつもの恋愛譚の主人公となるなど、彼に関する話は数多い。

恋多きクリシュナは、常に美女たちに囲まれる。

ブッダもヴィシュヌのアヴァターラだった。

人々に「悪」を吹き込んだ仏教創始者

❾ ブッダ Buddha

仏教の創始者「ブッダ」は、人々に悪の道を説いた存在とされ、改めて正しい道に気づかせるための、いわば反面教師的なアヴァターラだ。神々が魔神たちと戦って負け、世が乱れた。ヴィシュヌはシッダールタ太子（後のブッダ）として生まれ、人々に知恵や祭祀、階級制度を捨てさせるなどの誤った道を説いた。そのため魔神たちはブッダに帰依し、最下層の人々とも一緒に暮らすようになった。こうして誤った考えをもった魔神たちは、地獄に落ちるべき存在となったのだ。

最悪の時代に出現する馬頭の英雄

❿ カルキ Kalki

悪徳と蛮行がはびこる「カリ・ユガ」と呼ばれる時代。この最悪の時代に、ヴィシュヌは「カルキ」に化身して出現する。この世から悪魔や魔神たちを駆逐して、正しい知恵と信仰を取り戻すためである。カルキの姿は白馬に乗った英雄、または白い馬頭の巨人で表されることが多い。なお、前のブッダの時代がこのカリ・ユガに相当するという「プラーナ」の記述もあり、そのなかでは、ブッダに帰依した魔神たちを滅ぼしたのは、カルキだとしている。

最悪の時代に出現する救国の英雄カルキ。

魔神たちを完全撃破した軍神

スカンダ

Skanda

軍神、戦争の神で、その名はイスカンダル（アレクサンドロス大王）から転じたとされる。通常は6つの頭と12本の腕をもち、槍を構えて孔雀に乗る青年の姿で表される。なお、「スカンダ」の名がアレクサンドロス大王に由来するというのは、インド直前まで遠征した大王が、土着の神に対する信仰に影響を与えたためと考えられる。

スカンダは別名が多く、すばる（プレアデス星団）と関係をもつ者という意味のカルティケーヤなど、実に64を数える。仏教では「韋駄天」の名で知られる。

なお、スカンダの父はシヴァ、母はその妻パールヴァティー。ただし、当時ふたりは火の神アグニとブラフマーの孫娘スヴァーハーのなかに入っていたため、このふたりが彼の代理父母ということになる。

スカンダは誕生4日目で、天地が震えるほどの雄叫びをあげた。激怒した神々は彼に挑戦したが、どうしても勝てない。そこで神々は彼と和解し、神軍の最高司令官に任命した。そして誕生6日目。スカンダは魔神たちを完全に撃破したのである。

孔雀に乗るスカンダ。

ブラフマー

Brahma

黄金の卵から生まれ天地を創造した神

4つの顔をもつ創造神ブラフマー。

シヴァ、ヴィシュヌとともに、ヒンドゥー教の三神一体を構成する神のひとりで、〝世界の創造〟を司るという、きわめて重要な役割をもっていた神が「ブラフマー」である。「ヴェーダ」時代には、聖典に内在する神秘的な力を表す非人格的な原理「ブラフマン」として用いられていた。宗教哲学書『ウパニシャッド』が重視される時代になると、宇宙の根本原理として位置づけられ、ブラフマンが人格化されて、ブラフマーとなったのである。

一般にその姿は赤い体に白衣、4つの顔、4本の手に水壺、数珠、笏、『リグ・ヴェーダ』を持ち、水鳥ハンサに乗った姿で描かれる。白い髭の老人で表されることも多い。妻は知恵と学問の女神サラスヴァティー。

ブラフマーの創造神話を紹介しよう。

——宇宙に何もなかった時代、「宇宙の根本原理」に関わるブラフマーとして出現する前のスヴァヤンブー（自ら生まれる者）は、水を作って種子をひとつ時いた。ヒラニヤガルバ（黄金の卵）である。ブラフマーはこの卵のなかで成長した。そして1年後、卵を半分に割り、それぞれの半分から天や地などを生んだ。

その後、ブラフマーは、自分が生んだ女神サラスヴァティーと交わり、人間を生み出すのだ。後にこの女神が、人間に言葉や物事の識別能力を与えたという。

この神話でもわかるように、彼は当初は確かに最高神であり、神話のなかにも彼の命令でシヴァやヴィシュヌが魔神退治に出動する話が、数限りなくあるのだ。

だが、『ウパニシャッド』が語る宇宙の根本原理についての哲学は、あまりにも難解かつ抽象的だった。そのため、シヴァとヴィシュヌが具体的な英雄として明確化されるにしたがって、ブラフマーの神格は相対的に下がっていく。

　前述のように、ヴィシュヌ派の神話のなかでは、ブラフマーはヴィシュヌのへそに咲いた蓮の花から生まれたとされている。また、宇宙の創造はシヴァのリンガが行い、ブラフマーはそれを賛美したとまで書かれている。

　さらに、ブラフマーの顔は本当は5つあったのだが、無礼な話し方をしたという理由でシヴァの怒りに触れ、彼の爪で首をひとつ切り落とされてしまったという話まであるのだ。

　こうした話が生まれる段階で、ブラフマーの影が相当に薄くなっているのがわかる。結局、その流れは時代がすぎていっても変わらなかった。

　このようにブラフマーの地位が低下した理由としては、おそらく民衆が、あまりにも抽象的な存在の神より、積極的に人間世界と関わり、単純で明快な現世利益を与えてくれるシヴァやヴィシュヌのような神々を求めたためだろう。

　ブラフマーは仏教に取り入れられた後は、「梵天」として上方を守る仏法の守護神となった。

シヴァ（左）、ヴィシュヌ（中）の台頭によって、ブラフマーの地位は相対的に下がっていった。

大衆に現世利益をもたらす象頭の神
ガネーシャ
Ganesha

「神様の絵」は、インド各地で人気を集めているが、その特徴を知らなければ、われわれにはどれがだれだか区別がつきにくい。ただし、この「ガネーシャ」だけは別だ。何しろ頭部が、片方の牙が折れた象である。さらには、供物である果物を食べすぎたということで、太鼓腹の姿で表現されることが多い。蛇の帯を締め、腕は4本。多くは鼠に乗っている。

もちろんガネーシャとて、生まれたときから象の頭をしていたわけではなかった。それにはいくつかの奇想天外な伝承があるが、一般的なのは次のものだ。

――シヴァの妻パールヴァティーは、夫の留守中に自分の体の垢を集め、美しい人形を作った。彼女はその人形に命を吹きこみ、息子としたのである。それがガネーシャだった。

あるとき、水浴をしようとしたパールヴァティーが、ガネーシャに見張りを命じた。「私が水浴をしている間、浴室にはだれも入れないように」と。そこにシヴァが帰宅した。ガネーシャは父の顔を知

鼠を乗り物として愛用したガネーシャ。

ガネーシャは母パールヴァティーの垢から作られた。

らないため、母の命令どおり彼を追い返そうとした。シヴァもむろんガネーシャが自分の息子（かどうかは曖昧だが）であることを知らないため、ふたりは部屋に入れろ入れないの押し問答になった。ついには激怒したシヴァが息子の首をはね、遠くへ投げ捨てたのである。

　嘆き悲しむ妻の姿を見て、シヴァは捨てたガネーシャの頭を捜しに旅に出るが、どうしても見つけられない。仕方なく最初に出会った象の首を切り落として持ち帰り、ガネーシャの体に取りつけて、彼を復活させたのである。

　牙が1本折れていることに関しても面白い伝承がある。あるとき、ガネーシャが酔って夜道で転倒した。その姿を月に嘲笑されたため、怒ったガネーシャが牙を1本折って、月に投げつけた。牙で傷ついた月は、それ以来、満ち欠けするようになったというのである。

　ガネーシャの名は、ガナ（群衆）とイーシャ（王）を合わせた意味をもち、インドでは知恵と学問、商業の神として信仰されている。

　人々は何かを新しく始めるときは、必ず彼に祈りを捧げてから行う。ほかの神を信仰していても、最初にこの名を唱えるのである。ただし、これはガネーシャが嫉妬深い神であるため、信者たちはそれを恐れて……という説もあるが。

　ガネーシャは仏教に入ってからは「聖天」や「歓喜天」という名になり、現世利益を与える存在として認められた。

　なお、毎年夏の終わりの10日間、西インドを中心にガネーシャの誕生を祝う祭りが行われる。粘土で作られた巨大なガネーシャの像が街中を練り歩き、最後は川や海に流されるという、厄除けの祭りである。

サラスヴァティー
Sarasvati
あらゆる創造的技芸を司る女神

名前は水を持つ者とか、優美な者の意味。『ヴェーダ』時代には川の化身という存在だった。作物を実らせ、富をもたらし、汚れたものを浄化することから、しだいに崇拝を集めるようになったのだ。

父はブラフマー。誕生後、その美しさゆえ父であるブラフマーに求婚され、妻となった。ブラフマーに4つの顔があるのは、彼女の美貌をどの角度からも見られるようにするためという。

「サラスヴァティー」はまた、『ブラーフマナ』以降は、ヴァーチュ（言葉）の女神と同一視され、サンスクリットとそれを書くためのデーヴァナーガリー文字を創造した。そのため学問、知恵、音楽、芸術の女神ともいわれる。4本の腕には数珠や『ヴェーダ』、琵琶に似た楽器ヴィーナなどを持つことが多い。乗り物は白鳥か孔雀。しばしば蓮の花の上に座る姿で表される。

仏教に入ってからは「弁才天」などの名が与えられ、日本では弁天様としておなじみである。周知のとおり七福神のひとりであり、福徳と財宝を得られることから「弁財天」とも呼ばれる。

ブラフマーの美しき妻サラスヴァティー。

ラーマの妻を救出した猿族の英雄

ハヌマーン

Hanuman

孫悟空のモデルともいわれるハヌマーン。

風神ヴァーユが猿王の元妻アンジャナーと交わってできた子で、ヴァーユの化身ともいわれる。俊敏で、姿や大きさを変える能力をもつ。その名は「顎骨をもつ者」という意味。

無双の戦士「ハヌマーン」は『ラーマーヤナ』で、英雄ラーマの友として活躍する。悪魔の王ラーヴァナに拉致されたラーマの妻シーター。ハヌマーンはその監禁場所を発見し、ラーマに知らせる。そしてふたりは協力して、戦いのすえにシーターを救出する。

ハヌマーンに対する信仰は現在でも厚く、インドや中国、ネパールなどに広く棲息する尾長猿の一種、ハヌマンラングールはこの神の眷属かつ使いと見なされ、ヒンドゥー教寺院において、手厚く保護されているという。

なお、彼の活躍が中国に伝わり、『西遊記』における孫悟空のモデルになったとする説もある。現在、日本のマンガ『ドラゴンボール』が欧米諸国に輸出されて人気を博しているが、そのベースが『西遊記』にあることは、周知の事実だろう。

ヴィシュヌの妻にして美と繁栄の女神
ラクシュミー
Laksmi

　ヴィシュヌの妻である「ラクシュミー」は、優美と幸運、そして繁栄や栄誉、豊穣を約束する女神である。常に美しく、従順で、温和な性格をも併せもつので、信奉する人々は少なくない。前述の「乳海攪拌」の最中に乳海の泡から生まれたとされる。このとき、多くの悪魔が彼女を自分のものにしようとしたが、果たせなかったという。４本の腕と蓮華の目をもち、体も蓮華色、蓮華の衣を身にまとう。赤い蓮の花の上に立つか座った姿で描かれることが多い。

　ヴィシュヌがアヴァターラとしてこの世に姿を現すたびに、ラクシュミーも化身して妻になる。ラーマの妻シーターも、ラクシュミーの別の姿として位置づけられているのだ。

　別名のシュリーは本来、ラクシュミーと同じく繁栄と幸運の女神だったのだが、後世、ラクシュミーと同一視されるようになった。

　仏教に入ると「吉祥天」となり、やはり美しく優美な姿で描かれている。なかでも、奈良・薬師寺の画像、東大寺法華堂の塑像、京都・浄瑠璃寺の木像が名高い。

乳海の泡から生まれたラクシュミー。

あらゆる美を体現したシヴァ最愛の妻

パールヴァティー

Parvati

シヴァの最初の妻サティーの生まれ変わりといわれるのが、「パールヴァティー」である。すべての美の象徴とされ、何百人もいるシヴァの妻のなかで、最も愛情を注がれている。その名は「山に住む女神」の意。

彼女がシヴァの妻になるにいたっては、次のような伝承がある。

――妻サティーの死後、落ち込んだシヴァはカイラス山頂で苦行に明け暮れ、悲しみをまぎらわせていた。その姿に感動した山々の王ヒマラヤは、娘のパールヴァティーを彼の世話役として送った。

だがシヴァは、彼女を見向きもしない。そこでパールヴァティーは、シヴァの心を得るために、自らも凄まじい苦行を始めたのである。どんな苦しみにも耐える彼女を見て、さすがのシヴァも心を動かした。

やっと結ばれたふたりだったが、実は彼女はサティーの生まれ変わりだったのである。

パールヴァティーの像は多くが乳房をあらわにして、女性の肉体美を誇っている。こうした妖艶な美と穏やかさに対する信仰はきわめて厚く、彼女を最も崇める人々も少なくない。

シヴァの妻パールヴァティー。ガネーシャに授乳している。

古くから尊崇された勇猛なる軍神

インドラ

Indra

『ヴェーダ』時代の主神であった軍神インドラ。

『ヴェーダ』神話で最も人気が高い神が、軍神「インドラ」である。起源は古く、紀元前14世紀のヒッタイト条文のなかにも記述があることから、小アジアやメソポタミアでも信仰されていたらしい。その体は黄金色または茶褐色で、髪や髭は赤か黄金。稲妻を象徴する武器ヴァジュラ（金剛杵）を持って、2頭の天馬の引く戦車に乗り、空中を駆けぬける。

ただし、時代が下るにつれて人気を失い、その地位はシヴァにとってかわられる。その人気の凋落ぶりは、叙事詩『ラーマーヤナ』のなかで悪魔に捕まる存在にまで貶められてしまったほどだ。

だが、一部の伝承のなかでは依然、彼の権威は保持されており、神の都で、天女たちに囲まれて暮らしているという。なお、叙事詩『マハーバーラタ』などに登場する英雄たちの超兵器のひとつが、「インドラの炎」や「インドラの矢」などと呼ばれるもの。これは太古のインドで、インドラが悪魔の王ラーヴァナの大軍を、一撃で死滅させた武器だという。

ちなみに、インドラは、仏教に取り込まれた後は「帝釈天」と呼ばれ、東方を守る守護神となっている。

破壊と殺戮を好む暗黒の女神

カーリー

Kali

シヴァの妻のひとり「カーリー」は、悪神たちの跋扈《ばっこ》に怒って、黒く染まった女神ドゥルガーの額から出現した女神とされる。全身黒色の体。4本の腕をもつ上半身は裸だ。そのうえ目を血走らせ、牙のある口を大きく開けて舌を出し、生首を手に下げ、首にドクロの環飾り……。腰は切り取った手足で覆われている。この姿のとおりカーリーは好戦的で、破壊や殺戮を喜ぶ存在だ。

なお、戦いの後、勝利に酔ったカーリーが夫シヴァの腹の上で踊る姿は有名だ。これは、その踊りのあまりの激しさに大地が砕けそうになり、人間たちが危ないと感じたシヴァが、自らの体を彼女に踏ませることで、大地への衝撃を弱めている姿なのだ。

ちなみに、シヴァの妻のなかでも昼の顔がパールヴァティー、夜の顔がカーリーとされる。

そして、シヴァもパールヴァティーといるときは穏やかだが、カーリーといるときは魔神のような顔になるという。

神々のなかでもきわだって醜怪ながら、なぜかカーリーは人気がある。とくにベンガル地方においては、最も霊験のある神として崇拝されているのだ。

夫シヴァの腹の上で踊るカーリー。

魔王の名をもつ美しき戦いの女神
ドゥルガー
Durga

三神一体が放った光のなかから生まれた女神ドゥルガー。

「ドゥルガー」もカーリー同様、シヴァの暗黒面に対応する妻で、冷酷な戦いの女神である。その名は、近づきがたい者を意味する。彼女は獅子もしくは虎に乗り、10本の腕に神授の武器を持ち、美しい容姿をもちながら、敵に向かって咆哮した。

その誕生は次のように伝わる。

——魔族の軍勢が天界を攻め、インドラなどの古い神々を追放した。神々はシヴァ、ヴィシュヌ、ブラフマーに助けを求めた。3人はそれに応えて、口から光を放射した。一点に集中したその光のなかから、ドゥルガーが生まれたのである。喜んだ神々はシヴァの三叉戟、クリシュナのチャクラ、アグニの槍などの武器を彼女に与えた。ドゥルガーが神々の期待に応えたのはいうまでもない。

また、彼女の名は実は敵の魔王のものだった。ひとりで1000万の騎馬軍団、1200万頭の象、1億台の戦車に立ち向かった彼女は、1000本の腕を作り出して対抗し、すべてを破壊した。最後に魔王を倒した彼女は、自ら魔王の名であるドゥルガーを名乗ったのである。

あらゆる火を具現化した神

アグニ

Agni

火の神「アグニ」に対する『リグ・ヴェーダ』における賛歌は、全体の5分の1を占める。炉の神を神格化したとの説もあり、清浄と賢明の神でもあった。もとはゾロアスター教（火を崇拝する古代宗教）を起源とする古い神だったという。

多くは赤い体に炎の衣をまとう。そして炎の髪、黄金の顎と歯をもち、3つの頭と7枚の舌、3本の腕をもつ姿で描かれる。

生誕に関してはよくわかっておらず、ブラフマーが作り出した蓮の花から生まれたとも、太陽、または石から生まれたともいわれる。

アグニは天にあっては太陽として輝き、空にあっては稲妻として光り、地にあっては儀式の祭火として燃えさかる。

家の火、森の火、そして心中の怒りの火や、思想の火、霊感の火などもアグニだった。むろん、悪神や悪魔などを焼き払う浄化の火でもあった。

さらにアグニは、神々と人間を結ぶ仲介者の役割も務めていた。捧げられた生け贄や貢ぎ物などを燃やして煙となし、天上の神々に届けるのだ。神との仲介者ゆえ、結婚式や誓約式では神聖な証人ともなったらしい。

神と人との仲介役も務めたアグニ。

後に閻魔となる死者の国の王
ヤマ
Yama

「ヤマ」は『リグ・ヴェーダ』においては当初、天に属していたが、妹ヤミーとともに「最初の人間」という地位を与えられた。そのため、必然的に「最初に死んだ人間」になった。さらに「死者の道」を発見したことで、死者の国の王として君臨することになったのだ。後に仏教に取り入れられ「閻魔」となる。

　ヤマの起源は、紀元前1000年ごろ成立したとされる、ゾロアスター教の聖典『アヴェスタ』にある。このなかに登場する聖王イマが最初の人間、優しく理想的な統治者として、ヤマに対応しているのだ。なお、この『アヴェスタ』をはじめ『ヴェーダ』にも、ヤマ(=イマ)が死者を裁くような記述は見当たらない。

　ところがそれが、『ラーマーヤナ』や『マハーバーラタ』などの叙事詩の時代になると、厳しいものに変わってきた。天にあった死者たちの国も地底に移った。優しかったヤマも人間の死後に生前の行いを記録し、それを裁くという厳格なものになった。

　冥府の管理者となった彼の姿は、王冠をかぶり、体は青もしくは緑色。血のような赤い衣を身にまとうことが多く、手には矛と縄を持っている。乗り物は水牛ないしは野牛である。

優しかったヤマも、厳格な地獄の王となった。

スーリヤ
Surya
東から西へと天空を駆ける太陽神

光輝に包まれたスーリヤ。

「スーリヤ」は自然神の代表ともいえる存在だ。太陽を神格化したもので、ブラフマーの子といわれている。『リグ・ヴェーダ』のなかのスーリヤは灼熱の太陽そのものであり、インドラ、アグニとともに3主要神として崇められていた。「プラーナ」時代になると、彼は赤銅色の肌、金髪に3つの目、4本の腕をもった姿で描かれる。乗り物は7頭の馬が引く黄金の戦車。これに乗って、天の道を東から西へと駆けぬけるのだ。

聖典『ヴィシュヌ・プラーナ』によれば、この黄金の戦車はとてつもなく巨大なもので、9000ヨージャナ（1ヨージャナは7～8キロ）もある。また、戦車には1年の各月に応じて、ナーガ（蛇神）や巨人、聖者など12の部族の代表が同乗し、スーリヤをサポートするという。

ちなみに、インドのオリッサ州コナーラクにある世界遺産の太陽寺院は、この黄金の戦車の形を模した巨大な建造物である。

なお、まぶしすぎるスーリヤの体の一部を削り、その光の破片からシヴァの三叉戟、ヴィシュヌのチャクラ、スカンダの槍などの神の武器が作られた。

第5章◎ケルトの神々と神話

紀元前5〜前1世紀に、アルプス以北のヨーロッパ中西部で活躍したのがケルト民族だ。彼らは後に衰退し、現在はアイルランドやイギリスのスコットランドなどに散在して住む。そんな彼らに、比較的後世まで影響力をもっていたのがドルイド（ケルト民族の祭祀階級）である。それがゆえに古い神話も残ったのだ。

今日、ケルト神話といわれるのは、多くが「島のケルト」すなわちアイルランドやイギリスのもので、「大陸のケルト」はフランスやスペインにわずかに残るのみだ。本書で紹介するのも「島のケルト」である。そしてその根本資料は、中世初期以降に書かれたものが多い。たとえば、歴史と神話が入り交じった『侵略の書』、ダーナ神族とフォモール族の対立を扱った資料などである。これらの資料では、ダーナ神族は王権、工芸、戦争など人間社会の多くの側面を象徴し、フォモール族は混沌と野性を象徴している。

また、アイルランドの神話は以下の4つのサイクル（物語群）から成る。神々を扱った神話物語群。英雄クー・フーリンを扱ったアルスター王国物語群。同じく英雄フィン・マックールを扱ったフィアナ騎士団物語群。歴代君主を扱った歴史物語群である。

6世紀以降、キリスト教の視点に在来の神話などを取り入れ融合させたケルト神話。歴史、権力、文化の多様な変遷を包含し、今なお目にする人々の心を引きつけている。

ケルト民族の宗教や慣行などにおいて、指導的立場にいたドルイド。

悪魔と同一視された狩猟の神
ケルヌンノス
Cernunnos

ケルト神話、とくにガリア（現西ヨーロッパのほぼ全域）に伝わる狩猟、豊穣、冥府の神が「ケルヌンノス」である。その名のとおり、名前の意は「角が生えた者」。頭に2本の角を生やし、あぐらをかいた姿で表されることが多い。動物の王でもあったので、周囲には常に羊や狼、蛇たちが侍っている。

さらには、とくに親密な従者である牝鹿がひと声鳴けば、あらゆる動物たちが集まり、彼のために働いたという。

また、後にガリアにキリスト教が入ると、角のある冥府の神ということから、サタンと同一視されるようになった。

なお、ケルヌンノスには神話らしい神話はほとんど残されていない。その姿が判明したのも、紀元前1世紀ごろのデンマークで発見された遺物の銀器「グンデストルップの大釜」によるものである。名前もフランス、パリのノートルダム寺院の基礎部分から出土した「船乗りの柱」と呼ばれる碑文に、絵姿とともに刻まれていたことから判明したのである。これは、1世紀初めにガリア人の水夫たちが作ったものとされている。

動物たちの王でもあったケルヌンノス。

ケリドウェン
Ceridwen
魔法の大釜を持つ伝説の魔女

「ケリドウェン」はケルト神話に登場する月の女神、そして冥府の女神である。同時に優れた魔女でもあった。

伝承によれば、彼女の持つ大釜は1年と1日の間、材料を煮立てれば、世界最高の「知恵」「霊感」「学問」を得られる魔法の秘薬を、3滴作ることができる。その力で、ケリドウェンは醜いがゆえに不憫な息子に知恵を与えようと考えた。

秘薬を作りはじめて1年後、彼女の命令で材料を混ぜていた小人の指に、熱い液体が3滴飛んだ。とっさに指をなめた小人はあらゆる知識を得たことを悟り、ケリドウェンのもとから逃亡した。

残った液体は毒となり、大釜は爆発して割れてしまった。女神は激怒して小人を追いかけ、3つの才能を得た小人は、兎や魚などさまざまなものに変身して逃げた。だが、1粒の小麦に化けていたとき、小人は鳥に変身したケリドウェンに食べられてしまったのである。9か月後、彼女は小人の生まれ変わりである赤子を生んだ。ケリドウェンはこの赤子を海に流した。赤子は漁師に拾われて成長、やがて吟遊詩人となったという。

大釜で秘薬を作るケリドウェン。

3つの宝を持つ万能の神
ダグザ
Dagda

神々の父とも称される神が「ダグザ」である。ダーナ神族のいわば長老たる彼は、全知全能、知識の王、また、戦いや魔術を司る神でもある。その名は「善き神」という意味だという。ただし、容姿はいまひとつ。赤毛の大男で、見事な太鼓腹をしていたとか。その太鼓腹が示すように稀代の大食漢でもあった。

ダグザはその能力を象徴するかのような、3つの宝を有していた。

ひとつは聞く者に笑いや悲しみをもたらし、眠りに誘う楽曲を奏でる三弦の黄金の竪琴。この竪琴は、演奏者がいなくても自動で奏でられ、天候を左右するパワーも秘めていたという。ふたつめは一方の先端で打てば相手に死をもたらし、もう一方で打てば死者を甦らすことが可能な棍棒。ただし、この棍棒はあまりにも巨大なため、動かすには荷車に乗せて8人がかりで引く必要があった。3つめは大量の食物を尽きることなく生み出す大釜である。

これら3つの宝は、竪琴が呪術、棍棒が戦闘、大釜が生産を象徴しているといわれ、まさしく万能の神ダグザの特徴が具現化したものといえる。事実、ある戦いに臨んだとき、ダーナ神族の神々がそれぞれ自分ができることを約束した後に、ダグザはこういったという。「すべての神々ができることを、私ひとりでやってのけよう」と。そして、その言葉どおりの働きを見せているのだ。

ちなみに、ダグザにはこんな話もある。――あるとき、ダグザは休戦期間を利用して、敵のフォモール族の陣地を訪れた。敵はダグザを足止めするために、地面に大穴を掘った。そしてその穴に300リットルの牛乳とラードと小麦粉、数えきれないほどの山羊、馬、

三弦の黄金の竪琴を持つダグザ。

ダグザと大勢の恋人たち。

豚を煮込んだ粥を流し入れ、ダグザに告げた。「これをすべて食べなければ、おまえは死ぬことになる」と。するとダグザは、人間がふたり横になれるほどの巨大なスプーンを使って、その粥を瞬く間に平らげてしまったのだ。彼のあまりの貪欲ぶりに、すっかり毒気を抜かれたフォモール族は、ますます大きくなった太鼓腹を抱えて歩くダグザの姿を見て笑い転げ、約束どおり彼を生かしてダーナ神族の元へ返したのである。

ダグザの貪欲さは食欲だけでなく、色恋沙汰でも遺憾なく発揮された。しかも、相手から必ず見返りを得ているのだ。

たとえば、フォモール族の王女からは、いざというときに彼女の魔術がダーナ神族の手助けをするという約束を取りつけ、戦いの女神モリガンが相手のときは、戦場において助っ人を務めることを快諾させ、女神ボアーンと愛を交わしたときは、1日の長さを9か月に引きのばして息子オェングスをもうけた。さらにはそれだけでは足りず、妻も3人めとったという。

すべての神々の偉大なる母
ダヌ
Danu

ケルト神話、とくにアイルランドに伝わる、ダーナ神族の偉大なる地母神が「ダヌ」だ。ダグザやヌアザなど、あらゆる神々や英雄の母であると同時に、すべての生命の源でもあるともいわれる。ダーナやアヌなどと呼ばれることもある。ダヌが朝日とともに生まれたとき、火の柱が天に上り、家が炎で明るくなったとされている。そのため、彼女は火とかまどの神でもあるのだ。

　なお、ダヌにはふたりの姉妹がいて、それぞれ鍛冶と法律を司っていたが、ダヌと併せて、この3人は三位一体とも考えられていたらしい。

　ただし、彼女にまつわる神話は、ごくわずかにしか見られない。伝承によれば、ダヌの子どもたちはアイルランド一帯を支配していたが、やがて異民族に敗れて地下に避難し、妖精族となって、「ティル・ナ・ノーグ」と呼ばれる不老不死の楽園を作ったという。

　アヌ信仰がとくに盛んだったアイルランド南西部のマンスター地方には、「アヌの乳房」と呼ばれるふたつの並び立つ丘がある。

神々や英雄を生んだ地母神ダヌ。

銀の義手を持つケルトの主神

ヌアザ

Nuada

ケルト神話における主神でかつ戦いの神が、アイルランドに侵攻してきたダーナ神族の王「ヌアザ」である。

神話によると、ヌアザは先住民族のフィル・ボルグ族との戦いに勝利したものの、その代償として右腕を失った。

五体満足でない者は王ではいられない。これがケルトの掟であった。こうして、そのめざましい働きにもかかわらず、ヌアザは退位せざるをえなかったのだ。代わって王座に就いたのは、先住の巨人族＝フォモール族のひとりを父にもつブレスであった。

その後、ヌアザは鍛冶の神作製による銀製の義手を得て、力を取り戻し「銀の腕のヌアザ」とも呼ばれるようになる。さらには、血と肉でできた新たな義手を手に入れ、暴君となっていたブレスから王座を奪還した。だが、ブレスはフォモール族に助けを求め、ダーナ神族とフォモール族との間に戦いが勃発する。

ダーナ神族は苦戦しつつも、なんとか勝利を収めることができたが、この戦いでヌアザは戦死してしまう。なお、彼の妻は戦いと魔術の女神マッハであったが、このとき夫とともに斃れている。

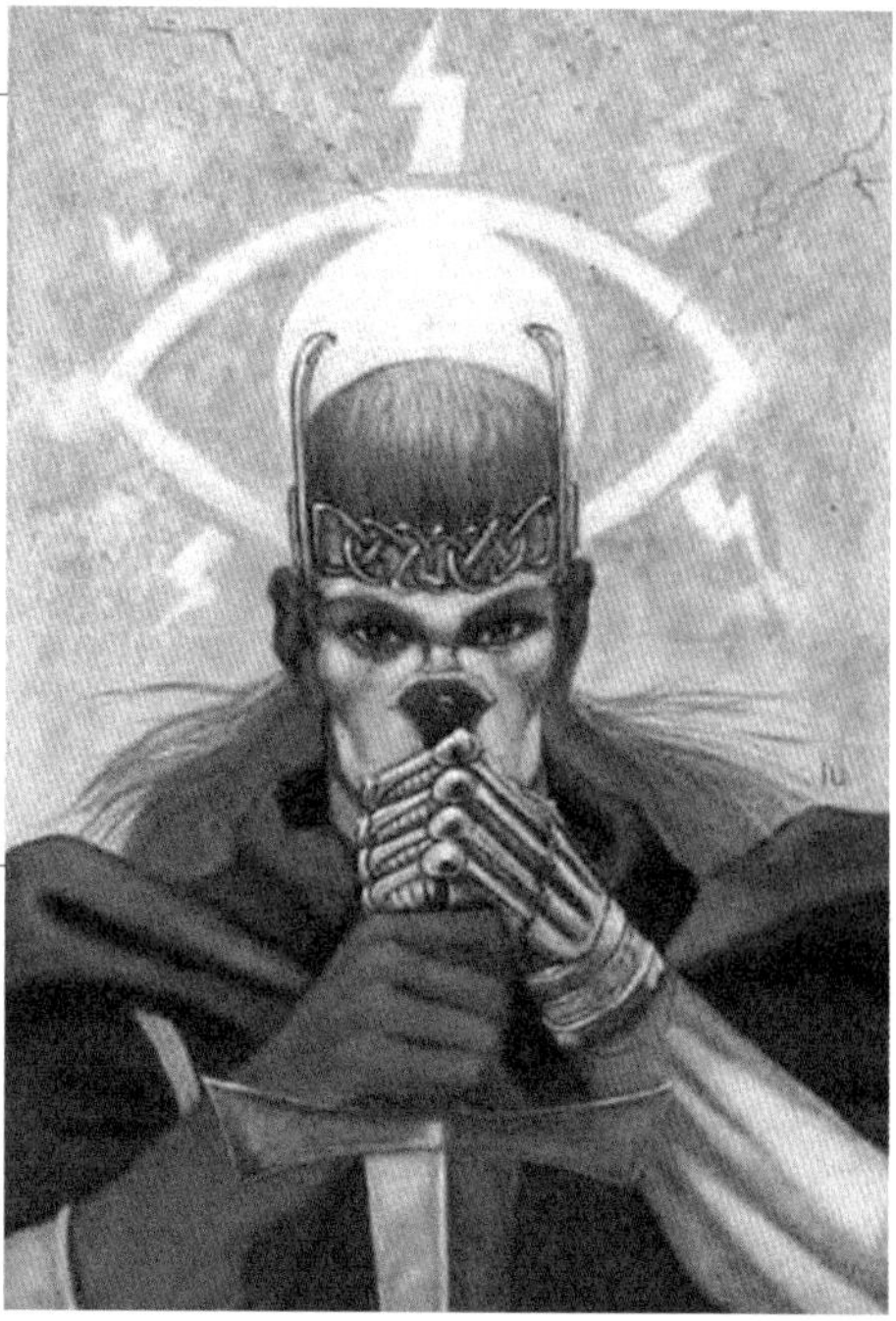

ダーナ神族の王だったヌアザ。

ルー
Lugh
光明の神にしてダーナ神族の英雄

ダーナ神族の太陽と光の神である「ルー」は、フォモール族に敗れた一族に、最終的な勝利をもたらした英雄である。彼はダーナ神族の医術の神ディアン・ケヒトの息子キアンを父とする。だが、母エスリンはフォモール族の魔神・邪眼のバロールの娘なのだ。つまり、ルーは母方の祖父を長とする一族と戦い、これに勝利したことになる。

ダーナ神族とフォモール族双方の血を引くというその複雑な出生から、ルーは父方でも母方でもない、アイルランド先住民族であるフィル・ボルグ族の王妃によって育てられた。

太陽と光の神ルー。

彼はまた、太陽と光を司るのみならず、知識や医術、魔術、発明などあらゆる技能に秀でた神でもあった。それだけではない。戦闘の場では投石機や槍を巧みに扱ったことでもよく知られていた。

そんなルーは、ダーナ神族に圧政を加えていたバロールを許すことができなかった。そして「祖父とはいえ、バロールは必ず自分が倒す」と、心に誓っていたのだ。

ちなみに、邪眼のバロールは恐ろしい巨人である。なんといっても、片目（左目とも額の第3の目ともいわれる）でひとにらみするだけで、相手を殺すことができるのだ。その邪眼はふだんは閉じられているが、戦場では4人がかりでまぶたを押し上げるという。

この無気味な力は、幼いバロールがドルイドだった父と、仲間のドルイドたちが毒を使った魔術を行使しているのを目撃し、そのときに煙が目に入って以来、身についたという。

実はバロールは、ドルイドの予

言によって、自分が孫のルーに殺されるであろうことを知っていた。それを防ぐために、彼は娘のエスリンを塔に閉じ込めた。だが、キアンが塔に忍び込んでふたりは結ばれ、ルーが生まれたのだ。

さて、ただひとりバロールに立ち向かったルーは、彼の邪眼が開いた瞬間、そこをめがけて投石機を用い、石を投げつけた。邪眼は石に貫かれ、バロールの後頭部から飛び出した。そして、巨人の後ろに陣取っていたフォモール族の兵士たちをにらみつけたのである。

哀れ、兵士たちは自分たちの王であったはずの魔神バロールの邪眼によって、全滅させられてしまったのだ。

こうしてダーナ神族を最終的な勝利に導いたルーは、長く一族の王として君臨し、後にその座を長老ダグザに譲った。そして、一族が新興のミレー族に敗れて地下に退くと、彼はダグザからロドルバンの妖精の丘を与えられるのだ。

なお、ルーは後述するケルト神話最大の英雄といえる、クー・フーリンの父でもある。

ルーが率いる軍とフォモール族の戦い。

三位一体の戦いの女神

モリガン

Morrigan

女神ながら、猛々しいケルトの戦いの神が「モリガン」である。

三位一体神の第１人格モリガン。

彼女は戦場に若い女性の姿やカラスなど、さまざまな形をとって現れる。そして、女性の姿のときは2本の槍を携え、赤い瞳に赤いドレス、灰色のマントをまとい、2頭の赤い馬が引く赤い馬車で登場する。戦場では炎の雨を降らせ、血の川を生むという。魔術にも長けたモリガンが雄《お》叫《たけ》びを上げると、戦士たちはみな、戦いの狂気へと誘われるのである。

なお、モリガンには分身ともいうべき、勝利をもたらす「ネヴァン」、怒りの「マッハ」というふたりの妹がいて、この3人はひと組となり三位一体神と見なされることもある。

彼女たちは戦場にカラスなど鳥の姿に変身して現れる。そして、その姿と叫び声で戦士たちがさらに激しく戦うよう、より残虐な殺戮をして多くの血を流すようにそのかすのである。

また、敵に対しては逆に恐怖心を引き起こさせ、戦闘不能の状態にして打ちのめした。

たとえば、カラスに変身したネヴァンは敵の戦士たちの頭上を飛んで狂乱をもたらし、同士討ちをさせる。また、彼女は戦士たちに水辺で血まみれの武具を洗う幻影を見せる「浅瀬の洗い手」としても知られるが、その武具の持ち主は、近いうちに命を落とすのだ。

　マッハも同じくカラスとなって戦場を飛び、無気味な叫び声を上げて戦士たちの間にパニックを引きおこす。そのうえこの女神は、戦死者の首を食べてしまうのである。ちなみに、ケルト戦士たちには倒した敵の首に釘を刺して門に飾る風習があるのだが、これは「マッハの木の実の餌」と呼ばれ、彼女に捧げられたものだという。

　ところで、この三位一体神の第1人格ともいえるモリガンにはまた、意外な一面もある。ふだんは恐ろしい老婆の姿をしていることが多いのだが、ときに美女の姿をとって男たちを誘惑するのだ。――あるとき、美女に化けたモリガンは英雄クー・フーリンに愛をささやいた。

　だが、彼はその告白を一蹴した。

「今は戦いのときだ。愛にうつつを抜かしている時間はない」

　プライドを傷つけられたモリガンは復讐を誓った。それ以来、彼女はクー・フーリンにつきまとい、その戦いの邪魔をしたのである。

　しかし、後にふとしたことでクー・フーリンに命を救われた彼女は、何かにつけて彼の世話をやくようになったのだ。クー・フーリンが息絶えたとき、彼のそばにいたのはカラスに身を変えたモリガンであったという。

　この3人の女神はそろってダーナ神族の王ヌアザの妻となり、ともにフォモール族と戦ったが、ネヴァンとマッハは邪眼のバロールによって倒されたという。

戦死者の首が好物という女神マッハ。

海の支配者にして常若の国の王

マナナン・マクリル

Manannan Mac Lir

　ケルト神話における海の神で水夫と漁夫の守護神が、ダーナ神族の一員であるこの「マナナン・マクリル」だ。魔術や医学の神であり、かつ不老不死の楽園「ティル・ナ・ノーグ」の王でもあった。

　父は大洋の神リールとされる。名前の意は「波立つ海を乗りゆく者」で、ケルトの人々は海が騒ぐときは彼を「岬の神」と呼んで、加護を祈ったという。

　ふつう美しく気高い戦士の姿で描かれ、燃える兜や決して壊れることのない鎧、姿が見えなくなるマントを身に着けていた。また、海も陸も自在に駆けることのできる白馬、目的地まで乗り手の意志のままに海も陸も進む船、決して的を外さず、持ち主の手元に戻ってくる名剣フラガラッハなど、多くの宝を持っていた。

　美しい女神を妻としていたが、人間の女性とも交わったため、半人半神の子どもも多くいたという。

　なお、アイリッシュ海（グレートブリテン島とアイルランド島を隔てている海）にある、マン島のピール城遺跡には、マナナン・マクリルの巨大な墓があり、車輪の軸のように放射状に伸びた3本の足が描かれた武具が安置されている。

　ちなみに、彼を埋葬した際には、湖が氾濫したという。

多くの宝を持つ海の神マナナン・マクリル。

美と愛の神にして妖精国の王

オェングス

Aengus

ケルト神話において、美と愛、若さを司る神が「オェングス」である。また、恋人たちを守る神でもある。黄金でできた竪琴を持っていることで知られ、彼の口づけは小鳥になり、そのさえずりが恋心となって、若者の心に飛びこむという。ただし、恋の素を振りまく神でありながら、そしてオェングス自身が恋愛体質でありながら、他からの嫉妬をはねのけるほどのパワーはもっていないので、恋をしても美しくはかなく散ることが多いとか。

なお、オェングスの父はダーナ神族の長老たるダグザ、母は女神ボアーン。海神ミディールの養子として成長後、彼は妖精の丘にあるダグザの王宮を訪ねた。そして父にこう頼んだのである。「昼と夜の間、滞在させてほしい」。快諾したダグザだったが、オェングスは何日たっても腰を上げようとしない。不思議に思ったダグザが理由を尋ねると、「昼と夜とは永遠のことだ。あなたは永遠にいてもいいといった」と答えた。こうしてオェングスはダグザの王宮を手に入れ、妖精国の王となったのである。

本人はいたって恋に弱い、美と愛の神オェングス。

狂気に彩られた悲劇の英雄

クー・フーリン

Cernunnos

ダーナ神族が地下に退き、ミレー族がアイルランドを統治していたころ、アルスター王国にひとりの英雄が誕生した。それが「クー・フーリン」である。太陽神ルーと人間の女性の間に生まれた半神半人の彼は、金髪に美貌、たくましい体、快活な性格と人々から愛される要素を兼ね備えていた。だが、ひとたび戦場に赴くとその姿は荒々しく変貌し、敵を薙ぎ倒すのである。

戦いに臨むクー・フーリンの勇姿。

――アルスター王国とコノート王国との間に戦いが勃発した。アルスターの騎士クー・フーリンもむろん参戦した。だが、味方の兵士たちは多くが戦女神マッハの呪いによって病に倒れ、戦場に立ったのはクー・フーリンとわずかな少年兵のみであった。彼は敵軍相手に八面六臂の戦いを見せ、一歩も引かなかった。ところが、クー・フーリンがわずかな休息をとったその隙に、呪いを免れた少年兵たちが敵軍に全滅させられたのである。彼は激怒し、その姿は異形のものへと変わった。筋肉が膨張し、髪の毛は逆立ち、片目が頭にめり込んだかと思うと、もうひとつの目は頬から突き出るほどに飛び出した。口は大きく裂け……。クー・フーリンは文字どおり怪物と化したのである。

　こうして彼の周囲には敵兵たちの死体が山をなした。そして、呪いが解けたアルスター兵たちが復帰し、戦局は定まった。だが、勝利したクー・フーリンが敵将であったコノート王妃メイヴの命を助けたことが、後のさらなる悲劇へとつながるのだ。

　クー・フーリンに対し復讐を誓ったメイヴはその後、再び彼に戦いを仕掛けた。そして、またもマッハの呪いでアルスター兵たちが病に倒れたときを狙い、侵攻を開始したのである。今回もひとりで戦うこととなったクー・フーリンだったが、実は彼は出陣前に不吉な前兆に遭遇していた。

　愛馬は戦場に出ることを嫌がり、杯のワインは血に変わった。しかも彼は、自分の血に塗れた武具を洗う幻影を「浅瀬の洗い手」、すなわち戦女神ネヴァンによって見せられてしまったのだ。これを見た騎士の命運はまもなく尽きる。そして、彼も己の死が近いことを悟ったのである。

　戦場でメイヴの策略にはまったクー・フーリンは、修行中に手に入れた愛用の魔槍ゲイボルグを奪われた。そして、敵の手に渡ったそれは彼の脇腹を貫き、傷口からは内臓が飛び散った。だが、瀕死の彼は内臓をかき集め、湖で洗って再び体内に戻したのである。

　さらに彼は倒れて死ぬより、戦士らしく立ったまま死ぬことを望んだ。そして、近くに石柱を見つけたクー・フーリンは、自分の体をその石柱に結びつけ、立ったまま息をひきとった。その後、石柱には英雄の死を告げるかのように、ひびが入ったという。

体を石柱に結びつけ、息絶えたクー・フーリン。

アーサー王

King Arthur

哀切に満ちた生涯を歩んだ偉大なる王

5世紀ごろ、イングランド王が人妻に恋をし、ふたりの間に男の子が生まれた。「アーサー」と名づけられたこの不義の子は魔術師マーリンが預かり、後にある貴族の子として育てられた。そして王の死後、王国では後継者争いが起こった。そんなとき、寺院に剣が刺さった奇妙な石が現れた。石には「この剣を抜いた者は全イングランドの王である」と書かれていた。

そしてだれも抜けなかったこの剣を、成長したアーサーがあっさり抜いたのだ。これが後にアーサーの愛剣となったエクスカリバーである。マーリンが彼の出自を明かし、ここに弱冠15歳の少年王が誕生した。

即位したアーサーは善政を敷き、王国は首都キャメロットを中心に栄えた。あるとき過失で愛剣を折ったアーサーは、湖を訪れた。すると、湖面から剣を握った女性の腕が現れた。

アーサーが新たに受けとったこの剣もエクスカリバーと呼ばれ、剣の鞘を身につけているかぎり、持ち主は傷つかないという魔力を帯びていた。だが、この鞘は後に彼を憎む者に奪われ、湖に捨てられたため、彼の不死性は失われることになる。

アーサーには彼に忠実な騎士たちがいた。宮廷の円卓に会議のときなど着座したことから、彼らは「円卓の騎士」と呼ばれた。そのなかには彼の血縁者も含まれていた。

というのも、アーサーの母には彼にとって異父姉に当たる3人の娘がいた。彼はそれを知らず、長姉モルゴースとかつて過ちを犯し

愛剣をかざすアーサー王と王妃グィネヴィア（左）。

アヴァロンで乙女たちに囲まれ、傷ついた体を癒すアーサー。

ていた。その結果、彼はモードレッドという息子を得ていた。

時がたち、モードレッドを含む長姉の5人の息子と末姉のひとり息子も、円卓の騎士となったのである。

やがて事件が起きた。王妃グィネヴィアと円卓の騎士ランスロットの不倫である。あるときふたりの密会現場に、他の円卓の騎士たちが乗り込んだ。ランスロットは脱出するが、その際にモルゴースの息子のひとりを殺し、モードレッドに重傷を負わせる。その後、捕らえられた王妃には火刑の判決が下った。ランスロットは刑執行の寸前、彼女を救出するが、このときも彼はモルゴースの息子ふたりを殺してしまう。

アーサーは残された長姉の息子とともに、ランスロットの居城を大軍で包囲した。ところが王不在の間、国の管理を任せていたモードレッドが反乱を起こしたのだ。自国に引き返した王は息子と一騎打ちの末に勝利したものの、瀕死の重傷を負ってしまった。

彼はかつて新たな愛剣を得た湖に向かった。そこに3人の乙女を乗せた小舟がアーサーを迎えにきた。アーサーは側近に「アヴァロンに治療にいく」と告げ、小舟に乗って去った。イギリスのどこかにあるといわれる伝説の島アヴァロン……。王は今なお、この楽園で傷を癒しているのだろうか？

第6章◎日本の神々と神話

ニニギ命が高千穂峰山頂に突き立てたといわれる天逆鉾。（写真＝アフロ）

日本神話とは、主に『古事記』と『日本書紀』に現れる神代の物語と神武天皇の建国物語をいう。だが、これらは6～7世紀に国家を統一した大和朝廷（アマテラス大神を中心とする天津神）の、神聖かつ偉大な正当性を地方権力（オオクニヌシ神を中心とする国津神）に誇示する材料として編纂されたものなのだ。他国とは異なり、国家主導で編纂された政治色の濃い神話であるといえる。とくに『日本書紀』にその傾向が強い。

『古事記』は、天武天皇の命で舎人の稗田阿礼が皇室の系譜や神話などを暗記、それを元明天皇の時代、官人・太安万侶

天孫ニニギ命が降りたとされる、宮崎県の高千穂峰。（写真＝アフロ）

が撰録し、712年に天皇に献上されたものだ。『日本書紀』も同様に天武天皇の発案と見られる。天武天皇の皇子・舎人親王が編纂し、720年に完成した。『古事記』が日本最初の歴史書なら、こちらは日本最初の勅撰の歴史書、すなわち「正史」である。なお、『日本書紀』は『古事記』と神話的な根幹部分に大きな違いはないが、本文のほかに異説などが併記されていることがある。

また、やはり元明天皇の時代に、各地で記録された『風土記』にもその地方特有の神々が見られるが、『記紀』に現れる有名な物語が載っていないということもある。すなわち、『記紀』の神話だけが日本神話ではないのだ。それらも知っておけば、より神話世界を楽しむことができるだろう。

天の中心を司る謎に満ちた始祖神

アメノミナカヌシ神

天之御中主神

この宇宙が生まれたとき、まず天の高天原《たかまがはら》に現れたのが、創造神たる「アメノミナカヌシ神《のかみ》」であった。天の中心を司る神、かつ日本神話の始祖神である。

だが、アメノミナカヌシは突然、身を隠してしまう。アメノミナカヌシと同じ「造化三《ぞうかさん》神《しん》」であるタカミムスビ神とカミムスビ神も同時に身を隠したが、両神とも後にたびたび現れるのに対し、アメノミナカヌシは姿を見せないままだ。したがって「記紀」（『古事記』と『日本書紀』）にもエピソードがない、謎の神なのである。

実はアメノミナカヌシは、タカミムスビ、カミムスビの2神を統合するために、後から設定された観念的な神だと思われる。これには中国の影響が見られる。古代中国の「陰陽五行説」では3、5、7が聖数とされていたが、これを日本の創世神話に当てはめたのだ。

すなわち造化神は3、これに2神を加えた「別天神《ことあまつかみ》」は5、さらに「神世七代《かみよのななよ》」と呼ばれる神々が7。そのためにも造化神はどうしても3人必要であり、タカミムスビとカミムスビの上にこの神を置いたのである。

原初の神であるアメノミナカヌシ。（『古事記絵詞』／島根・山邊神社）

神と人――万物の生成を司る神

タカミムスビ神&カミムスビ神

高御産巣日神&神産巣日神

造化三神のひとり、タカミムスビ。（『古事記絵詞』／島根・山邊神社）

アメノミナカヌシ神に次いで高天原に登場したのが、同じく造化三神の「タカミムスビ神」と「カミムスビ神」である。このふたりはアメノミナカヌシ神とは異なり「記紀」にもところどころ現れる。

ただし表だった活躍はなく、この後に現れる神々を背後で支えるといった役割である。だが、ふたりの立場は大きく異なる。

神々の創造の後、タカミムスビがアマテラス大神のサポート役、つまり、天津《あまつ》神《かみ》である高天原側（中央政権に擬せられる）についたのに対し、カミムスビはそれとは逆に、中央に対抗する国《くに》津神《つかみ》である出雲側（地方勢力に擬せられる）を背後から支えるのだ。国津神の代表といえばオオクニヌシ神であり、事実、カミムスビは数度にわたって、オオクニヌシを窮地から救っている。

なお「産巣日」は天地の生成を意味する。したがって、ふたりは万物の生成を司る神であり、タカミムスビが天上にあって輝く生命の力を表す神であるのに対し、カミムスビは地上において人に働きかける生命の力を表す神といえる。

同じくカミムスビ。（『古事記絵詞』／島根・山邊神社）

愛が憎しみに——天地創造の主役神

イザナギ命&イザナミ命

伊邪那岐命&伊邪那美命

「イザナギ命《のみこと》」と「イザナミ命」のふたりは最初の人格神であり、また最初に登場する夫婦神である。

　別天神が天地創造の大事業を成し遂げたのを受け、神世七代のイザナギ、イザナミは国土の造成、開発、そして経営のために登場した神であった。ふたりは、記紀神話の実質的な創造神ということができる。

　なお、この2神は八百万《やおよろず》の神を次々と生み出していく前に、夫婦の交わりによって国生みを行っている。つまり、日本の島々（大八《おおや》島《しま》と6つの島々）をまず生んだのである。

　日本神話で最も有名なエピソードのひとつに、イザナギの黄泉国《よもつくに》下りがあるが、これはその国生みが終わった後に起きたことだ。

　日本の国土がようやく完成し、イザナギとイザナミは八百万の神々を生む作業に取りかかる。だが、イザナミが最初の何人かを生み、次に火の神ホノカグツチ神を生んだときから悲劇が始まる。出産の際にイザナミが大やけどを負って死んでしまったのだ。

　亡き妻をあきらめき

矛で渾沌をかき混ぜ、国生みに励むイザナギ（右）とイザナミ。

れないイザナギは、死者の国である黄泉国までイザナミを追いかけた。そして、ともに地上に帰ろうという夫に、イザナミは答えた。

「私はもう黄泉国のものを食べてしまったので、普通なら地上には帰れません。でも、この国の神に地上に帰れないか相談してきます。ただし、その間は絶対に私の姿を見ないでください」

だが、待ちきれないイザナギは約束を破り、妻の姿を見てしまう。それは腐敗して蛆が湧いた、醜く浅ましい姿だった。妻の変わりはてた姿に恐れをなしたイザナギは、地上に逃げ帰ろうとした。

ところが、それに気づいたイザナミは、次々と鬼女を追っ手として差し向けたのである。これに対し、イザナギは髪の飾りや櫛の歯など、さまざまなものを投げて応戦した。やっと黄泉国と現世の境である黄泉比良坂《よもつひらさか》までたどり着いたイザナギは、そこで邪気を退ける桃を見つけて鬼女に投げつけ、ようやく追い払った。

最後にイザナミ本人が追ってきた。ふたりは千引岩《ちびきのいわ》をはさんで相対した。イザナミがいう。「あなたがこんな仕打ちをするなら、私はそちらの国の人々を1日に1000人殺す」と。イザナギが答えた。「それなら私は1日に1500人の人間が生まれるようにしよう」

こうして、この世では1日に1000人が死ぬ一方で、1500人が生まれることになったのである。イザナギは逃げおおせ、この後、イザナミは黄泉の大神になったという。

ちなみに、イザナミは葬送された最初の神であり、その葬地は『古事記』では出雲（島根県）と伯耆《ほうき》（鳥取県）の国境の比婆山《ひばさん》、『日本書紀』では熊野（三重県）の花の窟《いわや》神社であると考えられている。

最初にできたオノゴロ島に立つ２神。

皇室の祖となる日本神話の最高神

アマテラス大神

天照大神

黄泉国から逃げ帰ったイザナギ命は、筑紫《つくし》（九州の古称）の橘の小門《おどの》の阿波岐原《あわきはら》に赴き、体についた穢れを洗い落とした。すると、禊《みそ》ぎ祓《はら》いのときどきに新しい神々が生まれてきた。「アマテラス大神」もそうした過程で生まれた女神だった。彼女は、イザナギが左目を洗ったときに生まれ出たのである。美しいアマテラスが誕生した瞬間、天地いっぱいに光があふれ、燦然と輝いたため、イザナギは非常に喜んだという。

ちなみに、イザナギが右目を洗った際にツクヨミ命が、鼻を洗った際にスサノオ命が生まれた。

この3人は、以降「三貴子《みはしらのうずのみこ》」と呼ばれる天津神となる。

父イザナギから高天原の統治を任されたことから、アマテラスは最高神となった。そして、後に地上（豊葦原《とよあしはら》の千五百秋《ちいほあき》の瑞穂《みずほ》の国）世界の統治を、自らの子らに委ねることになる。アマテラスは皇室の祖先となる神、すなわち皇祖神となったのだ。

ところで、アマテラスにまつわる最も有名な神話といえば、やはり「天岩戸《あめのいわと》隠れ」だろう。もとはといえば、弟スサノオ命の乱行か

太陽神にして、後に皇祖神となるアマテラス。

ら起こった事件だったが、これについては後述するとして、太陽神であるアマテラスが、岩戸のなかに閉じこもってしまったのだ。

　高天原も地上も真っ暗になった。いつまでも闇夜が続くと邪神がはびこりだし、諸々の災いが一気に起こることになる。

　困惑した神々は対策を協議した。そして、知恵の神であるオモイカネ神の案を実行することにした。やがて、岩戸の前は多くの貢ぎ物などで飾り立てられた。準備が整ったところで、力自慢のアメノタヂカラオ命が岩戸の陰に隠れた。そして、女神のアメノウヅメ命が躍り出たのである。

　伏せた樽の上で踊る彼女は、興奮のあまりいつしか半裸となり、これを見た神々は大笑い、やんやの喝采を送った。

アマテラスが岩戸から姿を見せると、世界が再び光に溢れた。

　すると、外の騒々しさを怪訝に思ったアマテラスが、岩戸を細めに開けていった。「私がいないのに、神々はなぜ楽しそうなのか?」。アメノウヅメは答えた。「あなた様より尊い神がおいでになったので、みなが喜んでいます」。そして、他の神々が「この方です」と八咫鏡《やたのかがみ》をアマテラスに向けた。鏡に自分自身が映ったのを見て、アマテラスが思わず身を乗り出すと、すかさずアメノタヂカラオが彼女の手を取って、外に引き出した。同時に、他の神が岩戸に注連縄《しめなわ》を張っていったのである。「ここよりなかにお帰りになってはいけません」。

　こうして、世界は明るさを取り戻した。

　なお、女神とされているアマテラスだが、世界的に見ても太陽神が女神である例はない。このことから、日本では本来、男神であった太陽神が封印され、代わりにこの神を祀り、神託を受けた巫女が神格化された可能性も考えられている。

スサノオ命

天津神から転落した荒ぶる神

須佐之男命

「スサノオ命」の日本神話におけるエピソードの多さ、豊かなキャラクター性は、他に類を見ない。前掲の「天岩戸隠れ」の原因となったのも、このスサノオである。

スサノオは、父イザナギ命が禊ぎ祓いの際、鼻を洗ったときに生まれた「三貴子」の末子だ。そして、父から「海原を治めよ」と命じられた。だが、スサノオはそれを聞き入れず、母のいる黄泉国に行きたいと、泣いて駄々をこねた。彼が泣くと青葉の山も枯れ木の山となり、川も海も干上がってしまうのだ。しかも、この混乱に乗じて邪神たちが騒ぎ、世のなかに災いが起こった。あまりの息子の醜態にイザナギは怒り、スサノオを追放した。

そこでスサノオは、姉のアマテラス大神に事情を話してから国を去ろうと、高天原に昇った。そして心の清さを姉と競い、ふたりで多くの神々を生み出す。勝負はスサノオの勝ちに終わった。だが、図に乗った彼は乱行に走った。姉

ヤマタノオロチと戦うスサノオ。

の田の畦《あぜ》を破り、水を引く溝を埋め、神殿に汚物をまき散らし……。

　しばらくは弟の乱行に耐えていたアマテラスだったが、そのために機織女《はたおりめ》が死ぬにいたって、ついに恐怖にかられた。アマテラスは穢れを忌む機屋で、神に献上する衣を機織女に織らせていたのだが、スサノオはその機屋の屋根に穴を開け、生きたままはいだ馬の皮を投げ入れたのだ。機織女はこれを見て驚き、機織り用の器具で自らの体を突いて、死んでしまったのである。こうしてアマテラスは弟を恐れ、天岩戸に隠れてしまった。

　ところが、爪をはがれ、髭を抜かれたうえで高天原を追放されたスサノオは、一転、出雲でのヤマタノオロチ退治でヒーローとなる。

　そしてその後は国津神・オオクニヌシ神との交流などを通じ、根《ねの》堅洲国《かたすくに》（黄泉国）の大神として君臨することになるのだ――。

　この神話でもわかるように、姉弟にもかかわらず、アマテラスが皇祖神として主役を張るのに対し、スサノオは一段落とされ、一般には出雲系神話の祖神とされている。

　ところが、実際には彼は『出雲国風土記』では多くの神々のひとりにしかすぎない存在で、「記紀」にあるような話は見られない。

　出雲を舞台にした神話といっても、実際に現地に伝わっていたとは限らないということだ。

　スサノオは、高天原系の神（中央政権）から見て夜の世界、陰の世界、黄泉の世界、地下の世界の神という観念の規定なのである。すなわち、中央政権はすべての負のイメージをいったんスサノオ、そして地方権力としての出雲に当てはめることにしたのだ。

　だが、そんなスサノオがいたからこそ、日本神話が躍動感に満ちた魅力あふれるものになったことは確かだろう。

スサノオ（左）と妻のクシナダヒメ命。

ツクヨミ命

月読命

夜の世界を支配する農耕と漁業の神

「ツクヨミ命」は「三貴子」のうち2番目、イザナギ命が禊ぎ祓いに際して、右の目を洗ったときに生まれた。そして、父イザナギより夜の国の統治を任される。

「月を読む」とは月の満ち欠け、つまりは暦を読むことと関係している。このことから、ツクヨミは農耕の神、さらに漁業の神とされている。というのも古代の人々は、太陽の巡りとともに月の巡りを数えることによって、四季の変わり目や種まき、刈り入れといった農耕の区切りの時期を知ることができた。さらに、魚の産卵期なども月が教えてくれたため、大漁となる時期も判断することができたのだ。

月はこれほど重要な天体だったのである。人々がその神秘の霊力を、神として崇めるようになったのも、ごく当然のことだろう。

とはいえ『古事記』では、ツクヨミはかなり影の薄い神であった。登場場面は、わずかに父であるイザナギに、統治国を割り当てられる箇所のみだ。

対して『日本書紀』では何か所かに見られる。そのなかでもとくに有名なエピソードを紹介しよう。

――あるとき、ツクヨミはアマテラスの命を受けて、高天原から葦原中国《あしはらのなかつくに》に降りた。そして、五穀豊穣かつ食物の女神であるウケモチ神のもとを訪れた。思わぬ神の訪問に喜んだウケモチは、自らの口から吐き出した飯や魚や動物たちで、ツクヨミをもてなしたのだった。

ところが、これを見たツクヨミは「口から出したものを食べさせるなんて、なんて汚いことをするのだ」と激怒した。そして、いき

ツクヨミは食物の神を殺して姉の不興を買った。

イザナギの右目から生まれたツクヨミ。

なり女神を斬り殺したのだ。

すると女神の頭から牛馬、額から粟、眉から蚕、目から稗《ひえ》、腹から稲、陰部から麦、大豆、小豆が生まれたので、ツクヨミはそれを高天原に持ち帰った。

だが、女神を殺すという弟の暴挙を知ったアマテラスは怒り、その結果、姉弟は不仲となり、以来、太陽と月は離れて住むようになった。これが「日月分離《ひつき》」の神話と呼ばれるものであり、ひいては昼と夜の起源となったのだ。


ちなみに、ウケモチの体から生まれた五穀を、アマテラスは民が生きていくのに必要な食物だとして、これらを田畑に蒔く種とした。

なお、ツクヨミの統治国に関しては『日本書紀』のなかでも諸説あり、イザナギから海原の統治をも任されたとする解釈も見られる。これはおそらく、月が潮汐を支配しているという発想からきたものだろう。

ただし、この海の統治および、右記の食物の神殺害については、スサノオ命にまつわるエピソードにも酷似した話がある。

ツクヨミとスサノオ、どちらも男神で性格は粗暴という設定である。それゆえもともとこのふたりは、同一の神であったとする研究者も少なくない。

冒険譚に彩られた出雲系神話のヒーロー

オオクニヌシ神

大国主神

「オオクニヌシ神」の出自は『日本書紀』本文のみがスサノオ命の子とし、『古事記』および『日本書紀』の一書ではスサノオの5世、または6世孫としている。周知のとおり、出雲系神話の最も重要な国津神である。

スサノオの子孫に八十神《やそがみ》とオオクニヌシがいた。あるとき、八十神は因《いな》幡《ば》（鳥取県）に住むヤガミヒメ命に求婚しようと、末弟のオオクニヌシに荷物を担がせて旅に出た。途中の海岸で、神々は赤裸の兎が痛みで苦しんでいるのを見た。彼らは兎に塩水を浴びて、風に当たるといいといった。だが、兎がそのとおりにすると、潮水が風で乾くにつれて赤肌がひび割れ、さらに痛みが増したのである。兎が泣いていると、遅れてやってきたオオクニヌシがそのわけを尋ねた。

兎は「隠岐島《おきのしま》からワニをだまして、海を越えてきたのですが、ついだましたことを話してしまい、皮をむかれたのです」と答えた。

すると彼は、真水で体を洗い、蒲の花粉の上で寝転がれば、肌がもとどおりになることを教えてやった。兎が教えのとおりにすると、やがて赤肌はもとに戻った。

感謝した兎は次のように予言した。「兄神たちは求婚に失敗します。ヤガミヒメと結婚するのはあなたです」。そして予言どおり、兄神たちはヤガミヒメに求婚を断られたうえ、オオクニヌシと結婚する旨を伝えられたのである……。

これは、オオクニヌシにまつわる神話のなかでも、最も有名な「因幡の白兎」だが、さらには、スサ

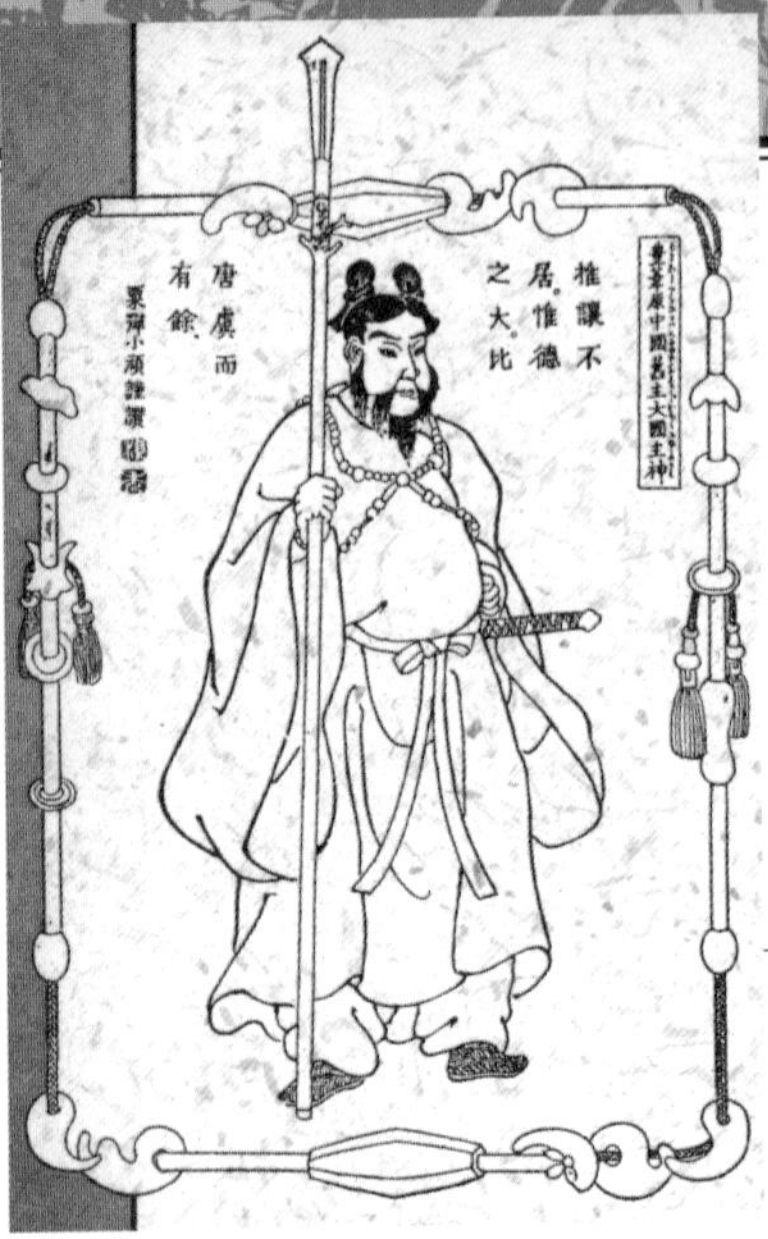

葦原中国を統べるオオクニヌシ。

ノオが統治する根堅洲国を訪れる話も知られている。
——ヤガミヒメに振られた八十神は、逆恨みをして末弟殺害を企んだ。彼らのために2回にわたって死んだオオクニヌシだったが、母神とカミムスビ神らの尽力で生還した。そして、母が勧めた逃亡先である紀伊の神の「スサノオ命のおられる根堅洲国に行けば、よきにはからってもらえるだろう」という助言に従った。

根堅洲国に着いた彼は、そこでスサノオの娘スセリヒメ命に出会い恋に落ちた。スサノオは彼に蛇の洞窟で寝るなど、多くの試練を与えた。だが、オオクニヌシはスセリヒメの助けでこれらの難題を遂行したのである。その後、彼はスサノオの太刀と弓を盗み、スセリヒメとともに根堅洲国から逃げ出した。追ってきたスサノオは、背後から彼に呼びかけた。「その太刀と弓で八十神を追放せよ。そしてわが娘を正妻とし、出雲に高天原に届くほどの宮殿を建てよ」と。

オオクニヌシはスサノオのいうとおりに兄神たちを追い落とし、出雲に宮殿を建てた。そして国造りを始めたのだ。この宮殿こそ、もちろん今に残る出雲大社である。

オオクニヌシは後に七福神の大黒天と習合し、広く民間でも祀られるようになった。

オオクニヌシは名前の類似性もあって、後に大黒天と習合した。

常世国に住む万能の小さき神

スクナビコナ神

少名毘古那神

『古事記』によると「造化三神」のひとり、カミムスビ神の子であり、オオクニヌシ神の右腕となって出雲の発展に尽力した神が「スクナビコナ神」である（『日本書紀』ではタカミムスビ神の子）。スクナビコナの名は、その体の小ささに由来している。この神がオオクニヌシ神の前に姿を現したときのようすは、次のように伝わる。

――オオクニヌシが出雲の美保《みほの》岬《みさき》にいたとき、海の彼方からガガイモの実で作った舟に乗り、蛾の皮で作った服を着て近づいてくる小さな神があった。ガガイモは多年生の蔓草《つるくさ》で、実は10センチほどの楕円形。ふたつに割ると、舟のような形になるのである。さしわたし約10センチの舟に乗った神……。スクナビコナがどれほど小さいか、おのずとわかろうというものである。

オオクニヌシは近づいてくる神に名前を聞いたが、返事がない。仕方なく、お供の神々に尋ねてみたところ「これぞカミムスビ神の御子、スクナビコナ神です」との答えがあった。

そこでオオクニヌシがカミムスビに真偽を尋ねてみたところ、「確かにこれはわが子である。ほかの子に比べてあまりに小さいので、生まれたときわが手の股よりこぼれ落ちたのだ」との返事があった。そして、カミムスビはわが子に向かい「これよりはオオクニヌシと兄弟となって国造りに励めよ」と命じた。

こうしてふたりの神は協力して、出雲の国造りに励むこととなったのである。スクナビコナは体こそ小さいもののきわめて優秀で、国

スクナビコナはオオクニヌシとともに出雲国作りに尽力した（『日本国開闢由来記』）。

海の向こうからやってきたスクナビコナ。

造りに大きな貢献をしている。人間に粟や稲をもたらす穀物の神という属性をもっていたほか、まじないの力にも優れていたという。

　また、医療や薬事の道にも通じていた。オオクニヌシが病に倒れたとき、温泉（日本最古といわれる愛媛県・道後温泉だったという）の湯を運んで入浴させ、回復に導いたというエピソードもあるほどだ。平安時代初期に著された漢和辞書『倭名《わみょう》類聚鈔《るいじゅしょう》』にも、この神の名にちなんだスクナビコノクスネという薬草が掲載されている。さらには、酒造の法にも巧みであったらしい。

　残念ながら、スクナビコナは出雲国の完成を見ないうちに、オオクニヌシの前から姿を消した。彼は本来、海の彼方にあると思われていた永遠の国、常世国《とこよのくに》に住む神だった。スクナビコナは故郷に帰ったのである。

　ちなみに『日本書紀』や『伯耆国風土記』には、スクナビコナが粟をまき、実った粟の殻に弾かれて常世国に戻ったという説話が残されている。

　人々の健康を守る医療・医薬の神、さらに温泉の神、酒の神として、スクナビコナは現在も全国的に祀られている。

　スクナビコナはまた、かぐや姫や一寸法師などの「小さ子」の原型とも考えられている。

国譲りを成功させた剣と武力の神

タケミカヅチノオ神

建御雷之男神

国譲りに大きな役割を果たしたタケミカヅチノオ。

イザナミ命の死因となった火の神を斬り殺した際、イザナギの剣・十拳剣《とつかのつるぎ》から飛び散った血から生まれたのが「タケミカヅチノオ神」だ。タケミカヅチノオは剣や武力の神であり、雷神でもある。この神が活躍するのは、なんといっても「国譲り」の場面においてだろう。

――地上の国・葦原中国が多くの国津神に支配され、混乱しているさまを見て、アマテラス大神はタカミムスビ神と相談して自分の子を送り、国津神を説得して治めさせようと考えた。ところが、最初に送った神は地上の混乱ぶりに恐れをなして、逃げ帰ってきた。

その後もアマテラスは自分の子らを地上に送ったが、こちらはいずれも国津神の指導者であるオオクニヌシ神に懐柔され、説得どころか、安穏と住みついてしまう有様。業を煮やした天津神たちが最後に送り込んだのが、タケミカヅチノオであった。

アマテラスは彼に天翔《あまかけ》る船の神・アメノトリフネ神を添えて降らせた。オオクニヌシの宮殿がある出雲国の小浜に着くと、タケミカヅチノオは波頭に剣を逆さに立て、その切っ先にあぐらをかいて座った。そして、オオクニヌシを威嚇したのである。「われらはアマテラス大神とタカミムスビ神の使いである。この葦原中国は大神の御子が治めることになっている。おぬしはこのことをどう考えているのか?」。オオクニヌシは答えた。「わしには答えられぬ。わが子のコトシロヌシ神に聞け」。

そこでタケミカヅチノオはコトシロヌシを呼んだ。すると彼はタケミカヅチノオに向かって「わかりました。この国は奉りましょう」と答えたのである。

この後、タケミカヅチノオはもうひとり、オオクニヌシが呼んだタケミナカタ神と力勝負をして勝利した。オオクニヌシは、自分の住む宮殿を高天原に負けないほどの壮麗なものにしてくれれば、他の国津神にも手出しはさせず、平和裡に国を譲ると約束した。

こうして彼は使命を果たし、高天原に帰ったのである。

この「記紀」の逸話を見る限り、タケミカヅチノオは天津神である。ところが実は本来、この神は常陸《ひたちの》国《くに》（茨城県）の鹿島神宮の祭神であり、地方豪族が祀る国津神だったらしいのだ。そのタケミカヅチノオが大和国（奈良県）に創建された春日大社の主祭神となった。というのも春日大社を創建したのは、もともと大和朝廷で権勢をふるっていた中臣氏《なかとみ》（後の藤原氏）であり、一族の祖・中臣鎌足の出生地は常総（千葉県北部、茨城県南部）と伝わる。朝廷の覇者となった中臣氏が、自らが崇める神が国津神では格好がつかないと考えたのか、「記紀」編纂《へんさん》の折になんらかの細工をした。それによって、タケミカヅチノオはいちやく天津神の座に躍り出たのである。

常陸国では「鹿島神」と呼ばれたタケミカヅチノオ。

コトシロヌシ神

事代主神

恵比寿となって商人の信仰を集める神

オオクニヌシ神の子。アマテラス大神が国譲りのために遣わした最後の使者、タケミカヅチノオ神の前で天津神への恭順を宣言し、その後、自らは海中の榊《さかき》でできた垣根のなかに隠れてしまった。このことから「コトシロヌシ神」は、神の言葉を聞いて伝える、託宣の神とされる。

こう紹介すると、コトシロヌシは国譲りにおいて、重大な役割を果たしたにもかかわらず、比較的地味な存在である。それでもこの神に対する信仰は、後世まで受け継がれていった。とくにコトシロヌシを信仰したのは、古代の出雲の交易民たちであった。コトシロヌシは、彼らの航海日程などに影響力をもつ巫女たちにお告げを下す神でもあったから、交易民がコトシロヌシを祀るのも自然の成り行きだったのだ。

平安末期から中世前半に駆けて、コトシロヌシは各地の恵比寿信仰と結びつき、同一視されていく。そして、戦国時代には都市の商人の間に信仰が広がっていった。現在でも商売繁盛の神としてこの神を祀る神社は多く、大阪・今宮戎神社などが有名である。

後に恵比寿と習合したコトシロヌシ。

力勝負に負けて諏訪に逃げた国津神

タケミナカタ神

建御名方神

国譲りの際にタケミカヅチノオ神に力勝負で敗れ、諏訪まで逃げて命だけは助けられる神が、オオクニヌシ神が「わしの子」と呼んだ「タケミナカタ神」である。とはいえ、実際にオオクニヌシの系譜に入っているわけではないのが、不思議ではあるが。

タケミカヅチノオに敗れたタケミナカタ。
(『古事記絵詞』／島根・山邊神社)

タケミナカタは勝負の場に現れたときは颯爽としていた。なにしろ力自慢で、このときも1000人がかりでも動かせないほどの巨岩を指先に乗せ、「だれだ、おれの国に来てこそこそやっているやつは？」と堂々たる態度だった。

それがタケミカヅチノオに手を取られ、まるで葦の葉をつかむがごとくに握りつぶされたとたん、泡をくって逃げ出したのである。

タケミカヅチノオは信濃国の諏訪湖まで追いつめ、タケミナカタを殺そうとした。すると彼は「わしを殺さんでくれ。わしはこの地に住み、決して他の国へは行かない。出雲は奉る」と命乞いしたのである。

現在、タケミナカタは諏訪大社上社《かみしゃ》の祭神である。諏訪湖の冬の風物詩「御神渡《おみわたり》」(湖面に張った氷が割れ目に沿って盛り上がる現象)は、タケミナカタが下社《しもしゃ》の祭神である妻のもとに通った跡だといわれている。

神々に笑いをもたらした芸能の祖神

アメノウズメ命

天宇受売命

闇に覆われた世界を救うのにひと役買ったアメノウズメ。

天岩戸にこもったアマテラス大神を出現させるために、岩戸の前で裸踊りを披露した女神が「アメノウズメ命」だ。この女神は俳優や芸人の起源といわれ、芸能の神となった、日本神話のなかでも、ひときわ異彩を放つ脇役であった。

アメノウズメは、また、天岩戸事件での活躍の後、天孫降臨の際にニニギ命に従う5人の神（五伴《いつとも》緒《のお》）に選ばれている。

『日本書紀』には、高天原と葦原中国との境で光を放っている謎のサルタヒコ神の奇怪な容貌に、他の神が身が恐れをなして道案内の交渉ができなかったとき、アメノウズメだけは胸をはだけ、ニコニコと笑いながらサルタヒコに向かっていったと記されている。アメノウズメは、未知の神との交渉役でもあったのだ。

ニニギを無事に日向（宮崎県）の高千穂まで送って、サルタヒコが伊勢に帰郷する際、アメノウズメも同伴。ふたりは後に結婚して、そこで暮らしたといわれる。

アメノウズメはニニギから「猿《さる》女《め》の君」の名をたまわり、以降子孫も「猿女」と称して、神楽、芸能の始祖として祀られている。

天狗と混同された天孫先導の神

サルタヒコ神

猿田彦神

「サルタヒコ神」は、本来は伊勢の海人系氏族が信仰した国津神であり、太陽神としての性格ももっていたらしい。風貌はきわめてユニークで、『日本書紀』によると、背の高さは7尺あまり（約1・5メートル）、鼻の長さは7握（約50センチ）。唇の縁が明るく輝き、目は鏡のように大きく、ほおずきのように輝いていたという。それにしても、実に身長のほぼ3分の1が鼻の長さとは驚きだ。

サルタヒコは天孫のニニギ命を日向の高千穂に導いた後、アメノウヅメ命とともに故郷の伊勢に帰った。ここでふたりは結婚するのだが、後年、サルタヒコは漁の最中、海中で貝に手をはさまれて溺れたとされている。

この神は天孫の道案内を務めたことから、後に道中安全の神として道祖神と結びつけられるようになった。

また、平安時代以降は天狗と混同され、それまでは烏天狗のような、長いくちばしと小柄な体が特徴だったのが、中世では長身で顔が赤く、鼻が長い大天狗となった。山伏たちのサルタヒコ信仰が始まると、天狗のほうも山伏の衣装をまとうようになったという。

アメノウヅメと夫婦となったサルタヒコ。

日向の霊峰・高千穂に降臨した天孫

ニニギ命

邇邇芸命

アマテラス大神の子のアメノオシホミミ命と、タカミムスビ神の子ヨロズハタトヨアキツシヒメ命の間に、天孫降臨の待機中に生まれたのが「ニニギ命」である。そのニニギから数えて3代が、天津神と初代天皇・神武との過渡期にあたる「日向《ひむか》三代」と呼ばれる。

ニニギの名は、正しくは「天《あめ》邇《に》岐《き》志《し》国《くに》邇《に》岐《き》志《し》天《あま》津《つ》日《ひ》高《こ》日《ひ》子《こ》番《ぼ》能《の》邇《に》邇《に》芸《ぎ》命《のみこと》」と記す。「天邇岐志国邇岐志」は天地の栄えるさまを、「天津日高」は日が高く輝くさまを、「日子」は太陽神を、「番能邇邇芸」は稲穂が豊かに実るさまを表す。すべて合わせると「稲穂が豊かに実る国の壮健なる男の天津神」といった意味になる。穀物の豊穣を意味する言葉から、古代の天皇が天降る穀物神と考えられていたことがわかる。

三種の神器を持つニニギ。

ニニギが降臨するまでの経緯は、これまでにも述べた。ここではその後を紹介しよう。

——地上の平定がすんだ後、アマテラスは、統治者としての役目

天孫降臨の図。（『神代正語常磐草』）

を当初に予定していた子ではなく、孫のニニギに与えた。命に従い、ニニギが降ろうとすると、道筋の途中の辻に立ち、上は高天原、下は葦原中国を照らしている神があった。アマテラスがその正体を尋ねさせたところ、国津神のサルタヒコ神と判明した。彼は天孫を葦原中国に案内するためにやってきたのだ。改めて降臨することになったニニギに、アマテラスはアメノウヅメ命ら5人の神を随伴させ、さらに知恵の神のオモイカネ神ら3人も同行させることにした。

アマテラスはニニギに「天岩戸開き」の際に使われた玉飾りと八咫鏡、草薙剣《くさなぎのつるぎ》を授け、「この鏡をわが御霊と思い、われを祀るがごとく祀れ。そしてオモイカネはその祭祀を取り仕切れ」と命じた。

一行は出発し、幾重もの雲を分けて地上を目ざした。そして、筑紫国の日向の霊峰・高千穂に降り立った。ニニギはこの地に壮麗な宮殿を築き、住まいとした。

ところでこの後、ニニギはコノハナサクヤヒメ命と結婚する。だが、それにまつわるある事件のせいで、ニニギは不死性を手に入れそこなっているのだ。

コノハナサクヤヒメの父オオヤマヅミ神は、娘を嫁がせるにあたり、姉のイワナガヒメ命をも一緒にニニギのもとに送った。ところが、イワナガヒメは醜かったため、ニニギは妹のみを妻としたのである。これを知ったふたりの父は嘆いた。「姉を送ったのは、天なる神の命が巌のように揺るぎないように願ったため、妹を送ったのは、木の花のように咲き栄えるように願ったため。姉を送り返したことで、天なる神の命は木の花のようにはかなくなるでしょう」

こうした所以《ゆえん》で代々の天皇の命は、それほど長いとはいえなくなってしまったのである。

天孫ニニギの美しく気丈な妻
コノハナサクヤヒメ命
木花之佐久夜毘売命

山を司るオオヤマヅミ神の娘が「コノハナサクヤヒメ命」である。多くの兄弟をもつが、姉に、醜さを理由にニニギ命に妻にすることを拒まれたイワナガヒメ命がいる。

桜と富士山の女神コノハナサクヤヒメ。

名前のコノハナとは桜の花の意。日本を象徴する桜の花を名前にもった彼女は、それに恥じない美しい女神であった。なお、父のオオヤマヅミは、後に同じく日本を象徴する富士山を彼女に譲っている。それゆえ富士の浅間《せんげん》神社の祭神は、コノハナサクヤヒメなのである。

彼女にまつわる神話といえば、やはり「火中出産」だろう。

たった一夜の交わりで身ごもったコノハナサクヤヒメは、夫のニニギに「自分の子ではなく、国津神の子ではないか?」と疑われた。

これを恥じた彼女は「もし国津神の子なら、無事に生まれることはないでしょう」といって出口のない産屋にこもった。そして火を放ち、そのただなかで出産を迎えたのである。結果、無事にホデリ命、ホスセリ命、ホオリ命の3人の神を生み落としたコノハナサクヤヒメは、身ごもった子が確かに天津神・ニニギの子であることを証明したのだ。

天孫の子でご存じ山幸彦

ホオリ命

火遠理命

ニニギ命の妻、コノハナサクヤヒメ命が炎のなかで生んだ3人の子。その末子が「ホオリ命」だ。ホオリと長兄のホデリ命は、だれもが幼いときに親しんだ『海幸山幸』の物語の主人公である。ホデリが海幸彦、ホオリが山幸彦だ。

これは、山幸彦が海幸彦に借りた1本の釣り針を紛失したことから起こる兄弟争いの話だが、最終的には意地の悪い海幸彦が敗れ、兄に誠意を尽くした山幸彦が勝利した。海幸彦は以降、山幸彦を昼夜たがわず警護する守護者となることを誓って許される。海幸彦の一族は、後に皇居を護衛する任についた隼人《はやと》族となったという。

実は山幸彦の勝利の陰には、海の神であるオオワタツミ神の強力なサポートがあったのだ。釣り針捜しの過程で、自分の娘のトヨタマヒメ命が、山幸彦の妻となったからである。

このエピソードも兄弟間の争いというより、天孫族と在地の豪族間の覇権争いがホオリとホデリに形を借りて「記紀」に反映されたものと思われる。オオワタツミ一族は、天孫族の協力者となった海の民だったのだろう。

ホオリ（右）とホデリの争い。

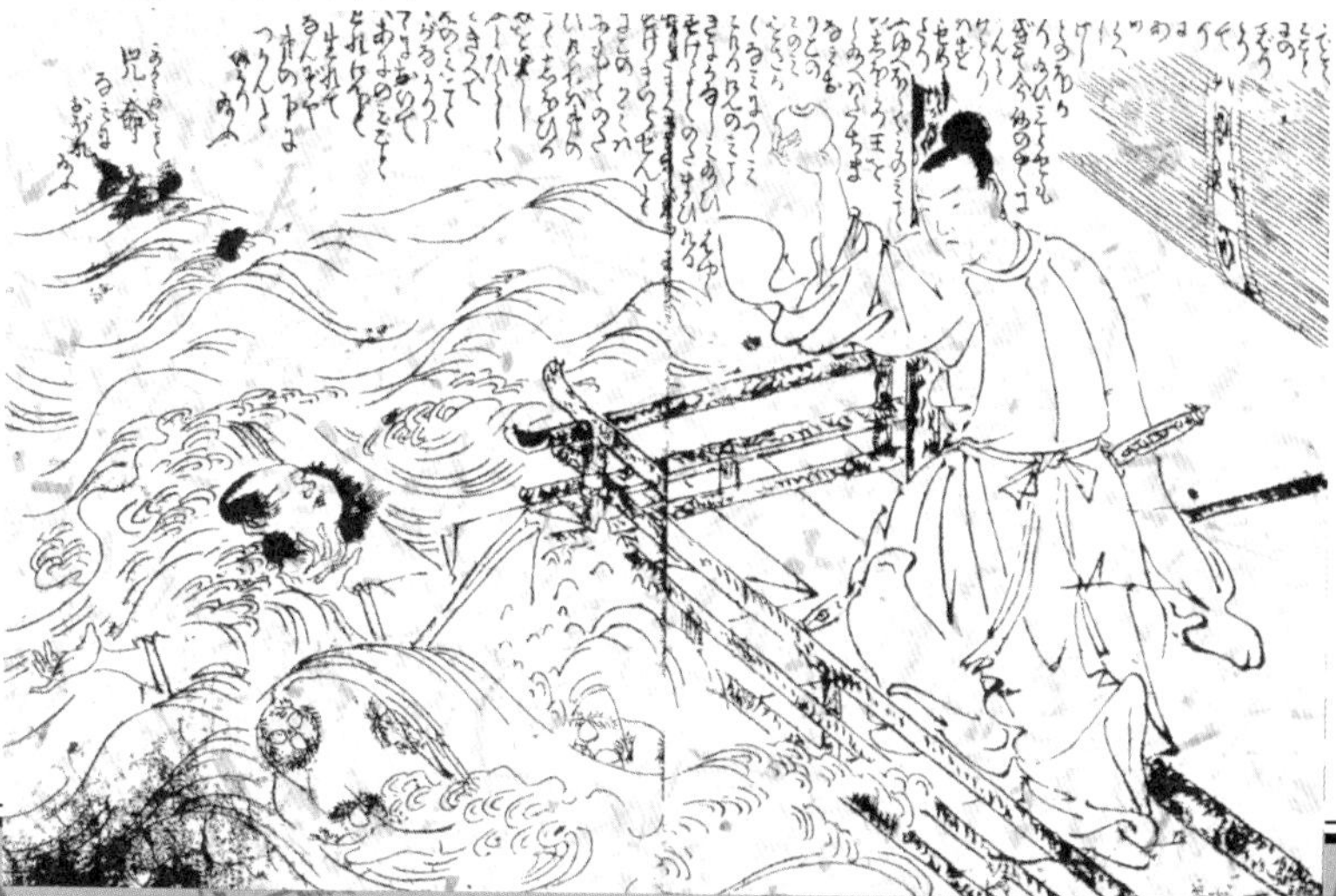

海神の娘にしてホオリ命の妻

トヨタマヒメ命

豊玉毘売命

「トヨタマヒメ命」は海神オオワタツミ神の娘である。釣り針を捜すホオリ命にひと目ぼれし、妻となった。しばらく妻とともに海神の宮殿に暮らしていたホオリだったが、兄ホデリ命との勝負の決着を見た後、地上に帰った。

トヨタマヒメは夫の跡を追って地上を訪れた。そして「私は身ごもっており、生まれる時期が近づいてきました。しかし天の神の御子を海で生むわけにもいきません。それでこの地に来たのです」と告げた。産屋に入る前に、彼女は出産時の自分の姿を見ないように、夫に警告した。

だが、ホオリは産屋をのぞいてしまったのである。そこでは巨大な鰐が身をくねらせていた。驚いて逃げるホオリ。それを知ったトヨタマヒメは生まれたわが子を置いて、海神の国に帰ってしまった。そして、残した子を育てるために妹のタマヨリヒメ命を送った。

ホオリとトヨタマヒメの間に生まれたウガヤフキアエズ命は、後に叔母にあたるタマヨリヒメを妻とし、4人の子をもうけた。その末子こそが、後の日本にとって大きな働きをすることになったのである。

トヨタマヒメ。その正体は鰐だった？

日向三代の最後を飾る神武天皇の父神

ウガヤフキアエズ命

鵜葺草葺不合命

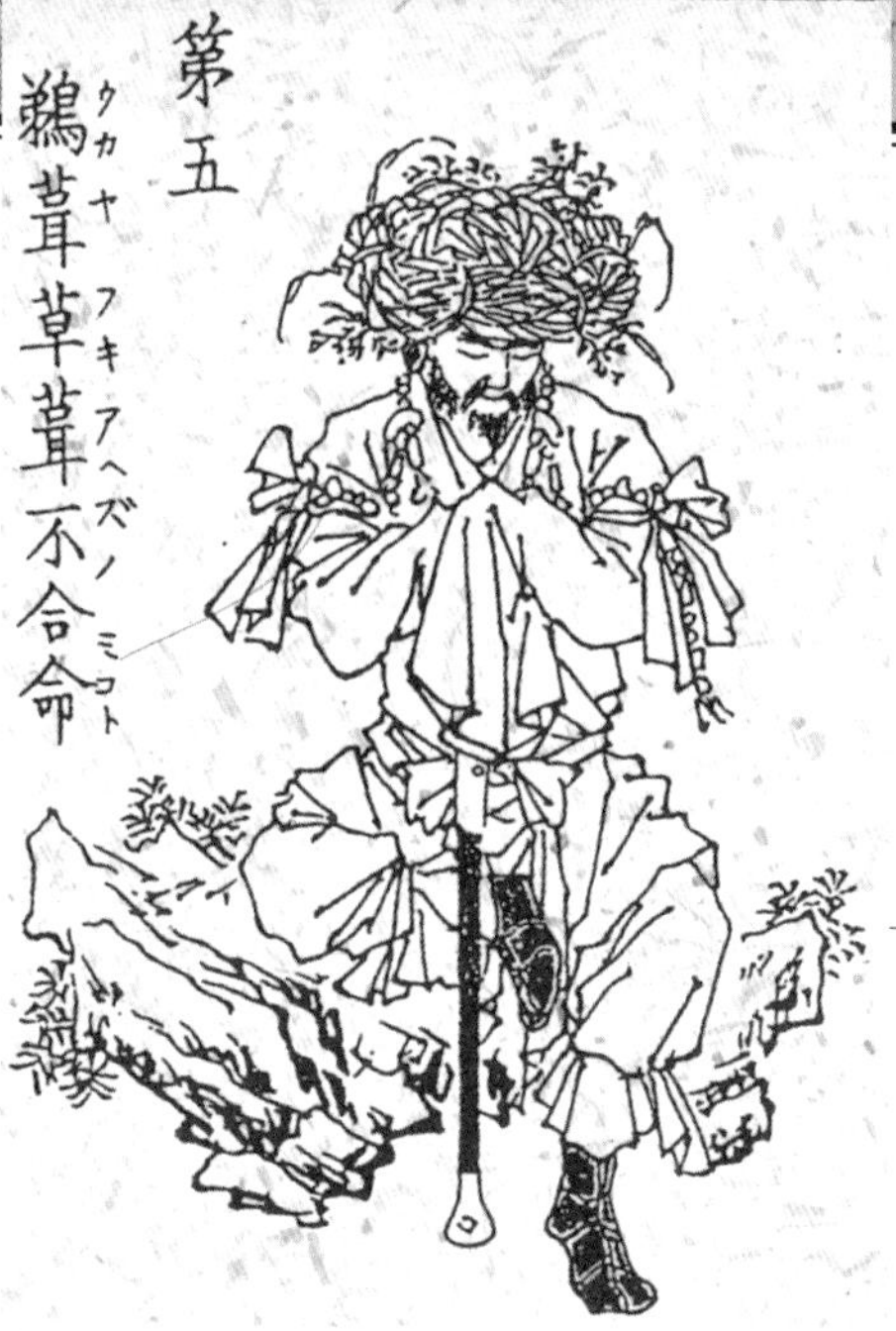

「記紀」のなかでは影の薄いウガヤフキアエズ。

ホオリ命とトヨタマヒメ命の間に生まれたひとり息子が、「ウガヤフキアエズ命」である。この奇妙な名前にはいわれがある。彼を出産するために、トヨタマヒメが海岸に建てさせた産屋は、実は鵜《う》の羽で屋根が葺《ふ》かれるはずであった。

ところが、すべて葺き終わらないうちに、トヨタマヒメが産気づいてしまったのである。そのため、ウガヤフキアエズ（鵜の羽が葺かれなかった）という名前がつけられたのだ。

彼は生まれながらに母がいなかったが、代わりに養母となった叔母タマヨリヒメ命がいた。長じてウガヤフキアエズは彼女と結婚し、4人の子をなした。その末子ワカミケヌ命こそが、後の神武天皇なのである。

ちなみに、山幸彦たる父と海の女神たる母から生まれたこの神は、「記紀」に事績の説明がほとんどない。そのため、山から海まで統べる天皇家の支配力を示すために、後から創作されたとする説もある。

降臨以来、ニニギ命、ホオリ命と続いた「日向三代」は、ここでしめくくられることになる。

東征後、大和国に朝廷を開いた初代天皇

カムヤマトイワレヒコ命

神倭伊波礼毘古命

ウガヤフキアエズ命とタマヨリヒメ命の間には、4人の息子がいたが、末子がワカミケヌ命、または「カムヤマトイワレヒコ命」、すなわち後に初代天皇となる神武天皇である。名前の由来は、神は尊称、倭は大和国《やまとのくに》、伊波礼は地名で、奈良県桜井市から橿原市にかけての古称をさす。

『日本書紀』によれば、彼は「生まれながらにして明達《めいたつ》（賢く）、御心確如《かつじょ》（気性がしっかりしている）」であり、15歳のときに太子となり、アヒラヒメ命と結婚してタギシミミ命をもうけたとされる。

カムヤマトイワレヒコはアマテラス大神の勅に従い、日向・高千穂の宮殿で曾祖父ニニギ命に始まった葦原中国の統治に務めてきた。45歳のとき、彼は兄のイツセ命と協議のうえ、天下を平安に治めるのに適した場所を求めて、東へ向かうことにした。豊国《とよくに》（大分県）から安芸国《あきのくに》（広島県）、吉備《きびの》国《くに》（岡山県）を経由した一行は、途中から海路を行き、白肩津《しらかたのつ》（現東大阪市）に船を着けた。そしてそこで、強敵のナガスネヒコとの戦いとなった。

カムヤマトイワレヒコ（中央）と一行を導く八咫烏。

カムヤマトイワレヒコの弓に止まる金色の鵄。その眩い光が敵の目をくらませた。

だが、イツセが重傷を負ったため、一行は旅立ち、紀伊国に向かった。そして、この地でイツセは命を落としたのである。

その後、一行が熊野（三重県）に着くと、そこにはアマテラス下賜の剣と、タカミムスビ神に遣わされた道案内の八咫烏が待っていた。八咫烏に導かれ、一行は登美《とみ》（奈良県）に到着した。そこで彼は、兄の仇ナガスネヒコと遭遇したのである。そして、どこからか飛んできた金色の鵄《とび》に助けられながら、この強敵を倒したのだ。

こうして苦難を重ねつつ、カムヤマトイワレヒコはやっと見つけた、天下を治めるのにふさわしい大和国（奈良県）を制圧・平定した。そして、橿原に新たな宮殿を築いて、初代・神武天皇として即位したのである。天皇の世はここから始まり、葦原中国も秋津洲《あきつしま》（日本の古名）と呼称が変わった。

神武天皇はその後、オオモノヌシ神の娘ヒメタタライスケリヨリヒメ命を皇后に迎えて、3子をもうけた。その末子がカムヌナカワミミ命、第2代・綏靖《すいぜい》天皇である。

神武天皇は在位76年、137歳（『日本書紀』では127歳）で崩御し、その御陵は畝傍山《うねびやま》東北とされている。

――ここまでが神武天皇の生涯の大筋だが、彼を語るうえで最も興味深いのは、やはり東征の意味である。「記紀」に記載されたこれらの描写は、おそらく中央政権が大和に朝廷を定めるまでの史実を反映したものだろう。ただ、不思議なのは天孫族が国譲りで得た出雲国ではなく、日向の高千穂に降りた理由だ。出雲であれば、このような長年かけた東征は必要なかったはず。この点に日本の成立をめぐる根本的な根源的な疑問が隠されているように思われる。

悪神のイメージを付与された神武軍の敵

ナガスネヒコ

那賀須泥毘古

ニニギ命より先に降臨していたニギハヤヒ命に仕え、カムヤマトイワレヒコ命らと戦って敗れたのが「ナガスネヒコ」である。最後はカムヤマトイワレヒコがアマテラス大神の血を引くことを知り、彼に帰順することを決意したニギハヤヒに討たれてしまう。

ナガスネヒコは別名トミビコともいい、登美（奈良市富雄町あたり）の土豪の首長であったとされる。『日本書紀』では長髄彦と記し、長髄は邑《むら》の古名とも、あるいは蛮人の別称であり、手足など体の一部をあしざまにいった言葉ともいわれる。長髄彦を後者の読み方で解釈するなら、「手足の長い太陽神（彦は日子であり、太陽の子を表す）」ということになるだろうか。

ここで浮かび上がってくるのが、縄文人が祀ったとされる嵐の神・手《て》長足長《ながあしなが》の存在だ。大和朝廷が太陽神を信仰するようになっても、その支配下にない地域の人々は、相変わらず手長足長の神を祀りつづけた。

そこで神武東征の話を整えた大和政権側は、最後まで服従しなかったナガスネヒコに、手長足長の神のイメージを付与し、恐ろしい敵という性格づけをしたのかもしれない。

左がナガスネヒコ。（『神代絵』／島根県・山邊神社）

神功皇后の三韓遠征を助けた海の守護神

住吉三神

底筒之男命&中筒之男命&上筒之男命

住吉三神《すみよしさんしん》とは「ソコツツノオ命」「ナカツツノオ命」「ウワツツノオ命」の総称である。黄泉国から戻ったイザナギ命が、日向の橘の小門の阿波岐原で禊を行ったときに、3人のワタツミ神とともに生まれている。

　これらの神々は、いずれも航海の安全を守り、大漁や、転じて商売繁盛、家運隆盛を約束する海の神として、古くから厚く信仰されている。

『古事記』のなかで活躍するのは、第14代・仲哀《ちゅうあい》天皇の后、神功《じんぐう》皇后による三韓遠征においてである。皇后に神がかりし、半島への遠征を天皇に促したのが、住吉三神であった。

　紆余曲折の末、遠征が決定すると、この神は海路を守護して、皇后一行を無事に現地に渡し、後には帰国させる。

　これに感謝した皇后は、摂津国《せっつのくに》（大阪府）の住吉に、社を創建したといわれる。

　また、住吉三神は和歌の神としても信仰されている。住吉神社の縁起などによれば、和歌による神託がなされたことがあり、平安中期に成立した歌物語『伊勢物語』には、この神が詠んだという歌が出てくる。

海神かつ歌神である住吉三神。

日本神話最大の悲劇のヒーロー
ヤマトタケル尊
日本武尊

第12代・景行天皇の第3子が「ヤマトタケル尊」である。オウス命の幼名をもつ彼は、もちろん日本神話のなかで最も有名な悲劇の英雄である。『古事記』によると、この英雄はもともと猛々しい性格だったようだ。

――父である天皇の命令を勘違いしたオウスは、兄の手足をもいで殺してしまった。天皇は息子の荒々しさを恐れ、九州に住むクマソ兄弟の征伐に向かわせて、自分から遠ざけようとした。オウスは叔母である伊勢神宮の斉宮《さいぐう》ヤマトヒメ命からもらった衣で女装して、宴席に紛れ込み、クマソ兄弟を倒した。このとき彼は敵のクマソタケルからその名をもらい、以降ヤマトタケルと名乗った。なお、クマソタケルとはクマソの地の勇者という意。つまりヤマトタケルは大和、ひいては日本の勇者という意味なのだ。

神剣・草薙剣を振るい、タケルは窮地を脱する。

途中、出雲国の首長を倒すなどして大和国に凱旋したタケルに、天皇は次に東国12か国の征伐を命じる。遠征途中、再び伊勢に立ち寄り、叔母に会った彼は「父はわれが早く死ねばいいと思っているのか?」と嘆いた。するとヤマトヒメは甥に「もしものときに使うように」と、神剣・草薙剣と火打ち石を渡したのである。

各地を平定しつつ、駿河国（静岡県）に入ったとき、タケルは土地の豪族にだまされ、火の燃えさかる野に放置された。このときタケルは草薙剣と火打ち石を使って草を払い、九死に一生を得た。後に彼がこの豪族一族を全滅させたのはいうまでもない。

　次に、タケルは船で安房《あわ》（千葉県）に向かった。ところが途中、海神の怒りにふれ、海は大荒れとなった。すると、同行していた妃のひとりオトタチバナヒメ命が「私が海に入って神の怒りを鎮めましょう」といって身を投げた。その後、海は静まり、一行は安房に渡ることができたのだ。7日後、オトタチバナヒメの櫛が海岸に流れ着いた。タケルは墓を作ってその櫛を埋めたという。

　タケルはさらに東に向かい、東北の蝦夷《えみし》、山や川の神々を平定し、帰路についた。尾張国（愛知県）に到着したタケルは、往路にも寄って再会を約していたミヤズヒメ命と会った。そして、彼女のもとに草薙剣を置いたまま、伊吹山（滋賀県と岐阜県の県境）に山の神を討ちに出かけた。だが、素手のタケルは山の神に敗れ、重い病を得てしまう。苦しい体で旅を続け、タケルは都の目前である能煩野《のぼの》（三重県亀山市）に到着したが、この地で命を落としてしまう。知らせを聞いた大和の人々は嘆き悲しみ、タケルのために御陵を作った。すると御陵から彼の魂が1羽の白鳥となって飛び立ち、海の彼方へと消えていったのである。現在、能煩野には「日本武尊御陵」とされる、全長90メートル、高さ9メートルの前方後円墳がある。

女装してクマソを倒すオウス。

第7章◉その他の世界の神々と神話

これまで主だった国の神々と神話を紹介してきたが、もちろん神々も神話もまだまだ数多い。国や民族の数だけ神話はあり、また神々も無数に存在するのだから。この章では、紹介してきた以外の世界の神々や神話を取り上げる。

古代中国の神話世界。

【中国】『史記』など古代中国の史書には、天地創造時から「三皇五帝」と呼ばれる聖天子たちが実在して統治したとある。それゆえ中国には「神話時代」がなかったと見られている。実際には神々は存在したのだが、それらを当時の為政者たちが、治世に都合のいいように改変したと考えられているのだ。ただし、3世紀ごろに成立した中国最古の地理書『山海経《せんがいきょう》』には、神や妖怪、伝説などの記述がある。

【オリエント】古代オリエントでは、

神々の名前を口にするのは、禁忌であることが多かった。そのため、神々にまつわる物語は、断片的にしか伝えられていない。ただしメソポタミアでは、シュメール人の神話がバビロニアなどに伝わり、『ギルガメシュ叙事詩』や『旧約聖書』のノアの箱船などを生んでいる。

スペインの征服者によって、アステカの文明は破壊された。

【中南米】 マヤやアステカ、インカには自然神崇拝が多い。また、マヤには『ポポル・ヴフ』という創世神話および英雄譚の集成が存在する。

インカ神話はアンデス地方に根強く残っていたものをあげた。この地域では、とくに太陽神が絶対視された。

楔形文書で著された『ギルガメシュ叙事詩』。

巨大卵の混沌から生まれた創造神
盤古《ばんこ》

世界を創造したとされる盤古にまつわる国造りの話はふたつある。ひとつは3世紀の呉《ご》で成立した神話集『三五歴紀《さんごれきき》』に見られる。

「盤古」は原初の時代、卵の中身のような混沌から生まれた。そして陰陽の気のうち、清らかな陽の気が天に、濁った陰の気が地になった。盤古は天と地の間でその両方を支えたが、天は日ごとに高くなり、また地は日ごとに厚くなった。そのため盤古の身長も伸びつづけ、やがて天と地は果てしなく離れてしまった。

もうひとつの話は4世紀後半の斉《せい》で書かれた『述異記《じゅついき》』に見られる。

中国の創造神である盤古。

初めに盤古があり、やがて死んだ。すると盤古の死体が変化して、万物が形成された。たとえば左目は太陽に、右目は月になった。頭と体は聖山である五岳に変わり、体の他の部分は大地になった。血液は川に、皮膚は田畑に、髪や髭は星になった。さらに体毛は植物となり、骨や歯は岩へと変化したという。

この2系統の創世神話の根が同じものか、あるいはまったく別の伝承が同じ盤古の名で語られるようになったのかは、不明である。

女媧
じょか

土をこねて人間を作った天の女神

人面蛇身の「女媧」は、土をこねて人間を作った天の女神だ。このとき、黄土をこねて作ったのが貴人となり、数を増やすために、縄で泥を跳ね上げ、その飛沫から生まれたのが凡庸な人間なのだという。

　また、女媧といえば、天を補修した話が有名だ。あるとき天が割れた。そのため天変地異が続き、地上では火災や洪水が止まなかった。女媧は5色の石を練ってその割れ目を補い、大亀の足で天を支える柱を作った。そして、黒竜の体で土地を修復したという。

伏羲
ふっき

八卦をもたらし火を与えた神

女媧の兄にして夫。女媧同様に人面蛇身の神で、雷神の息子が「伏羲」だ。伏羲は人間に、狩猟や漁労、牧畜の方法を教え、火を使って料理することを伝えた。結婚の制度を設けたのも伏羲である。

　だが、なんといっても、彼の人間に対する最大の貢献は、天地の森羅万象を表す「八卦《はっけ》」、すなわち易《えき》をもたらしたことだろう。この八卦を生活に用いて、人間は日常生活を滞りなく進めることができるようになったのである。

　伏羲は人間にとって、まさしく文化神だったのだ。

女媧（左）と伏羲の夫婦による国生みの図。

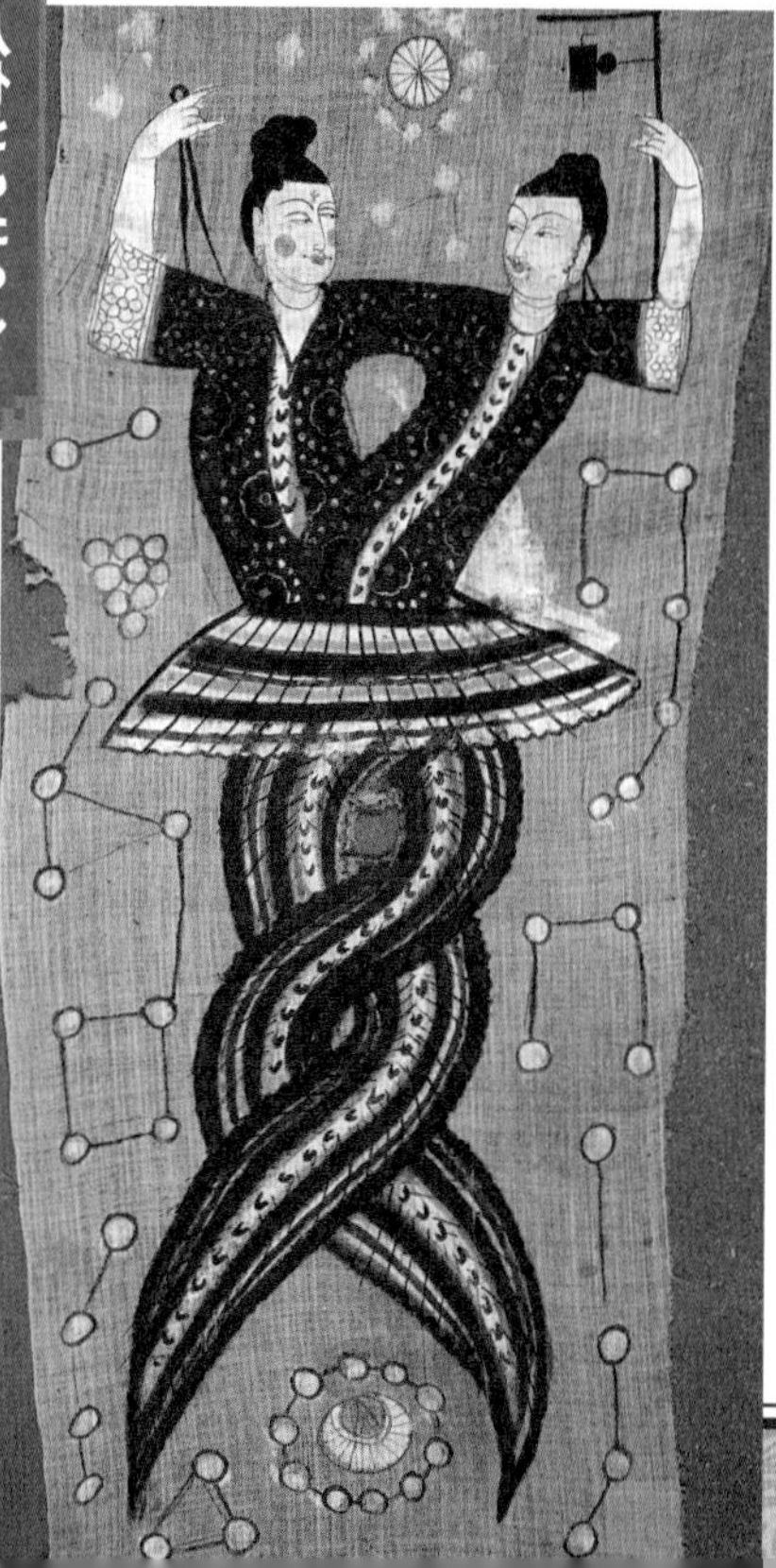

不老不死の妙薬を持つ美しき女神

西王母

せいおうぼ

西方にある伝説の霊山・崑崙山《こんろんさん》。「西王母」はこの地上の楽土とされる山に住み、すべての女仙たちを統率する美しき女神だ。彼女は不老不死の魔法の妙薬を持ち、これを得るためにはるばる訪ねてくる者には、惜しげもなく分け与えてくれる。また、その宮殿の庭には、一年中実を結ぶ桃の木があり、この実を食べればやはり永遠の命を得られる……。

これが現在、一般的に流布している西王母の姿である。ところがこの優美な女神、実は道教（中国の民間信仰）による理想化された姿なのだ。3世紀ごろに成立した中国最古の地理書『山海経』によると、なんと西王母は鬼神なのである。本来の姿は、人間の女の顔に虎の体、ざんばら髪に宝玉の頭飾り、虎の牙をもつ怪物だ。しかも、蛇の尾を振れば、たちまち川は氾濫するという。

さらに疫病を広め、人間を非業の死に導く死神でもあったから、「死を司る存在を崇めれば、非業の死を免れる」という人々の思いが、徐々に「不老不死を与える女神」というふうに変化していったものらしい。

道教で理想化された西王母。

人間に農業と医薬を教えた神

神農

しんのう

本来の姿は牛頭（竜頭という説も）人身という奇怪な姿だが、「神農」は医薬と農業を司る神である。人間に耕作を教えたことからこの名がある。

農業だけではない、薬学、医薬を伝え、さらに市場を作り、物々交換の方法を教えたために、商業の神ともされている。また、時間の概念を人々に植えつけたのも神農である。

その、人々に対する多大な功績により、神農大帝と呼ばれることもある。神農はまた、皇帝でもあり、五行のうち火の徳を有するので、炎帝《えんてい》という別名ももつ。

伝承によれば、神農の皇帝としての在位期間は120年。その体は脳と四肢を除いて透明であり、内臓が外からははっきり見えたという。医薬の神でもある神農は、百草を口に含んで、毒か薬かを確かめた。もし毒があれば内臓が黒くなるため、毒の有無はもとより、影響を与える体内の部位を見きわめることができるのだ。ちなみに、あまりに多くの毒草を食べすぎたために、神農の体には毒素がたまり、最終的にはその毒がもとで亡くなったという。

透明な体をもっていたという神農。

天上界および人間界の厳格な最高神

黄帝
こうてい

「黄帝」は当初、伝説の帝王という位置づけだったが、後に神仙術や道教と絡むことによって、雷神として神格化された。一説によれば、老子に先立つ道教の始祖でもある。

黄帝は神農治世の末期に、天界の悪神であり、神農の遠い子孫でもある巨人の蚩尤《しゅう》と戦って、これに勝利し、玉座に着いた。

伝承によれば、彼は人間に多くのものをもたらし、文化的生活を享受させてくれた存在である。衣服、舟、車、家、弓矢などの生活道具を作るのはもとより、その恩恵は文字、音律、暦などの発明にまでおよんだ。

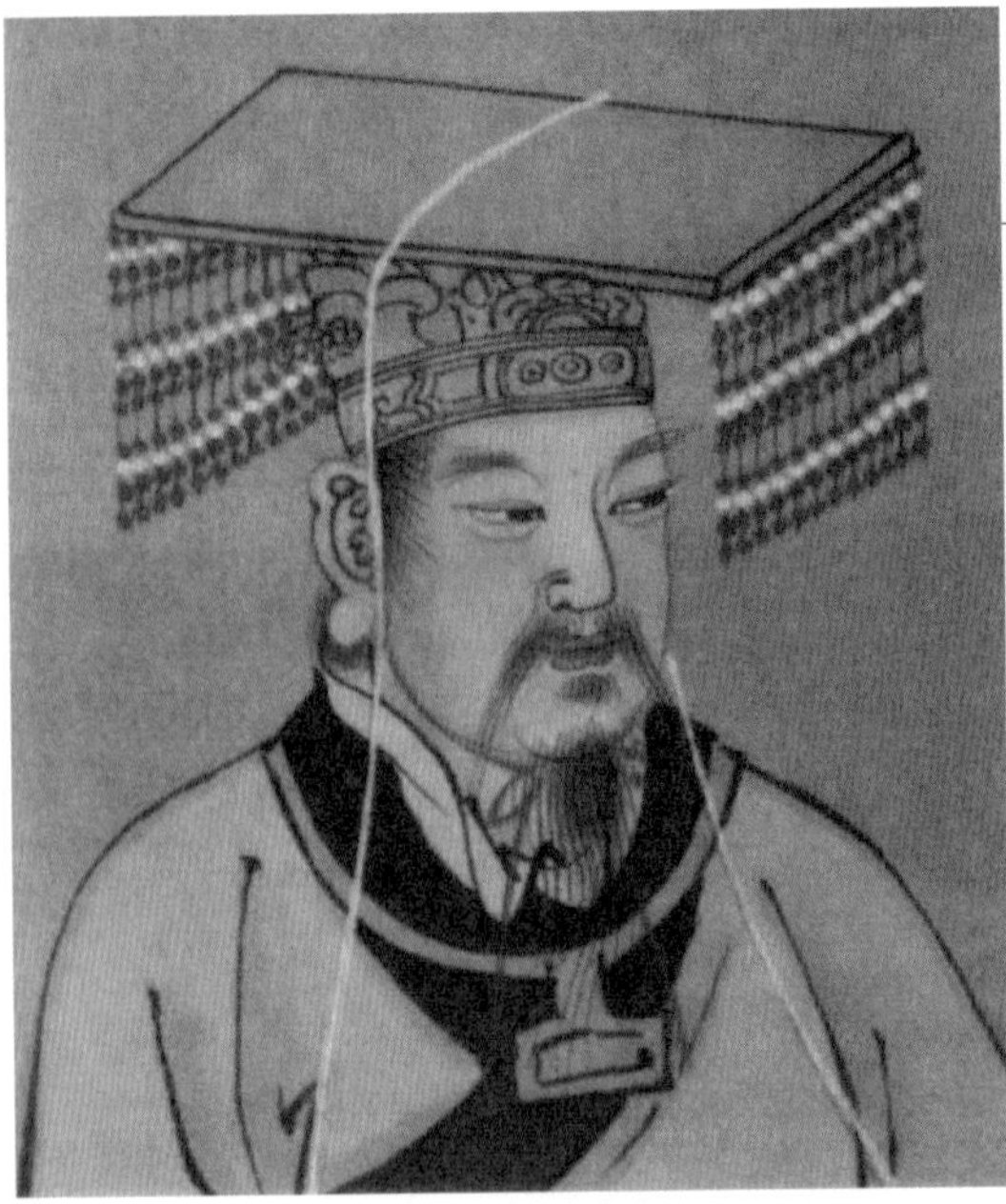
人間にさまざまなものを与えてくれた黄帝。

さらに神農同様、自ら薬草を口にして効能を確かめ、人々に医術を教えたりもした。

神としての黄帝は、日ごろは崑崙山の壮麗な宮殿に住む。その顔は4つあり、常に四方に目を光らせ、天上界および人間界のすべてを監督しているのだ。

慈悲深い神農とは裏腹に、黄帝は厳しく秩序を守る神であり、最高神であることから「皇帝上帝《こうていじょうてい》」と呼ばれることもある。もともと「皇帝」という言葉は、黄帝自身を指すものなのである。

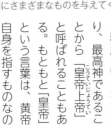

老子《ろうし》

老人で生まれ晩年に神となった道教の始祖

道教の始祖といわれる「老子」は、その誕生からして奇妙である。

ある説では、老子の母は巨大な流れ星が落ちてきた衝撃で彼を宿した。また、別の無気味な説では、老子は72年間も母の体内におり、この世に生まれたとき、すでに頭は真っ白、杖をついていたという。

長じて後、老子は周《しゅう》（紀元前1024～前255年）で王の図書館の司書として、その博識ぶりを発揮したが、立身出世などにはまったく無関心。ひたすら学問の道を追究した。ちなみに、この時期にかの儒教の祖・孔子《こうし》が教えを乞いに訪れたとか。

周が没落の一途をたどるようになると、老子は職を捨てて牛の背にまたがり、ひとりで西方へ向かう。

だが、途中で志を変え、西方のどこかで隠遁生活へ入る。そして、自分の教えを自ら実践するようになったのだ。この間に著したのが『老子』で、これは神仙を目ざす者のバイブルである。

老子の晩年は不明である。しかし、伝承によれば、彼は太上老君《たいじょうろうくん》という神になったという。そこでは太上老君は天地に先立つ存在で、最高神であったという。

牛の背にまたがり、漂泊の旅に出る老子。

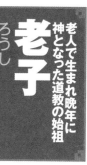

イシュタル

Isthar

奔放な恋に明け暮れた豊穣の女神

古代オリエントで広く尊崇された美と性愛と戦い、そして豊穣の女神が「イシュタル」だ。また、金星の象徴でもある。

彼女は地域や時代によって、多くの名前をもつ。イシュタルはアッカド名だが、シュメールではイナンナ、カナンではアシュタルテなどと呼ばれている。出自もさまざまで、父親は月の神シンとも、天空の神アヌともいわれている。

イシュタル自身、自由奔放な美女であり、夫はいなかったようだが、実に120人を超える愛人をもっていた。しかも、その多くが彼女に捨てられるなどして、悲惨な末路をたどっている。

また、彼女を祀る神殿では巫女などによる売春が行われ、各地から男たちが貢ぎ物を携えてやってきたという。

イシュタルをめぐる神話のなかでとくに有名なものといえば、やはり「冥界下り」だろう。ドラマ性の高いこの神話を語った石板が、各地で発見されているほどだ。

——ある日、イシュタルは地下にある冥界へと下りていく。姉である冥界の女王エレシュキガルに会うためだ。地上から冥界にたどり着くまでには7つの門がある。だが、その門を通過するたびに、彼女は門番によって身につけているものをはぎとられていくのだ。

まず宝冠がとられ、次に耳飾り、そして首飾り、胸飾り、帯、腕輪と足輪……。最後の門で腰布をとられ、結局、イシュタルは全裸で姉の前に立つこととなった。

ところが、姉はイシュタルの美しさに嫉妬して、冥界の奥深くに監禁してしまう。

やがて、いつまでも帰ってこないイシュタルをめぐって、地上では大騒ぎになった。豊穣の女神である彼女がいないばかりに、実りもなく、あらゆる生殖活動が止まってしまっ

イシュタルと怪物たち。

たのだ。困り果てた神々は、身代わりを送るのでイシュタルを返してくれと、エレシュキガルに頼んだ。結局、イシュタルの代わりとして彼女のかつての愛人ドゥムジが殺され、冥界に送られた。こうしてイシュタルは解放され、哀れなドゥムジは冥界にその身をとどめることになったのだ。なお、ドゥムジは後に1年のうち半年だけ地上に帰ることを許されたという。

大英博物館に所蔵されているイシュタルのレリーフ。

その他、英雄ギルガメシュを誘惑しようと迫ったこともあったが、逆に「いったいおまえは愛人に貞節を尽くしたことがあるのか？」などと説教されたうえに、イシュタルの毒牙にかかった男たちの名前を列挙され、あげくに振られて、激怒したりもしている。このとき彼女はギルガメシュに対して復讐を試み、彼の親友エンキドゥを死に追いやっている。

なお、人々は勝利に終わった戦争の後は、戦いの女神でもあったイシュタルのために、盛大な祭儀を執り行った。このときの図像における彼女は、別人のように勇ましい戦士姿である。

子孫の絶滅を謀った原初の地母神

ティアマト

Tiamat

バビロニア神話に表れる「ティアマト」は、原初の女神のひとり。上半身は女性だが、下半身は蛇という説もある。塩水、つまり海を神格化した存在だ。

彼女はバビロニアにおけるすべての神の母である。ただし、少々生みすぎたのか、子や孫である若い神々の数が増えすぎた。そのため宇宙が騒がしくなったので、彼女は子どもたちに静かにするように注意した。だが逆切れした彼らに、なんと夫である淡水のアプスが殺されてしまったのだ。

ティアマトは激怒した。そして、竜に変身して彼らに戦いを挑み、次々にこれを撃破していった。最後に彼女の前に立ちふさがったのが、最強の敵であり、7つの風と洪水をしたがえて、嵐の戦車に乗ったマルドゥクだった。

激戦のすえにティアマトは敗れ、その体はマルドゥクによりふたつに引き裂かれた。そして半分が天空に、そしてもう半分が大地に変わった。乳房は山になり、そのそばに泉が湧き、両目からはチグリス川とユーフラテス川という大河が生じたのである。

マルドゥクと戦うティアマト（左）。姿形の描写は伝承により異なる。

原初の女神を倒して得た バビロニア主神の座

マルドゥク

Marduk

マルドゥクの勇姿。左はティアマト。

「マルドゥク」はバビロニア神話に現れる英雄神で、水神エアの息子。原初の淡水アプスのなかで生まれたが、本来は農業神だったらしい。後に戦の神としての属性も加わり、武装した姿で描かれることが多くなった。

4つの目と4つの耳をもち、神々のなかで最も輝かしい存在であることから、よく木星と結びつけられる。その名は紀元前18〜前17世紀に成立した世界最古の法典『ハムラビ法典』前文にも見られる。

前項でティアマトに勝利し、天地を創造した話を伝えたが、彼はこれを機会に、他にもさまざまなものを創造している。まずティアマトの蛇の尾から天の川を作った。星座、太陽、月を作り、それらを所定の場所に置いた。さらに、マルドゥクがその手で倒したティアマトの2番目の夫キングー。その死体の血を土をこね合わせて、人間まで作り出したのだ。

ティアマトを倒したことで、マルドゥクはより多くの権限や能力を与えられた。そして、バビロニアにおけるその地位は相対的に上がり、それまでの王エンリルに代わって、堂々と主神の座に着いたのである。

神々の父たる天空の神
アヌ
Anu

シュメール語ではアンと呼ばれる天空や星の神「アヌ」は、世界の基礎を築いた「神々の父」であり、王である。ゆえにその姿は、しばしば玉座や王冠とともに表される。ただし、地域や時代によって立場や評価が異なり、神としての地位は曖昧である。ある神話ではマルドゥクの祖父だし、別の物語では主君の天神に背く謀反人だ。

それでもアヌの神としての重要性は変わることはなく、「アヌンナキ」と呼ばれる神々の集団を生み出した後、彼らが行う会議には必ず出席して、よく議長などを務めている。

知略と叡智に長けた水の神
エア
Ea

文化神でもあった水の神エア（右からふたり目）。

「エア」はバビロニア神話における水の神で、シュメール名ではエンキとも呼ばれる。水の神だけに、その姿は半人半魚、もしくは魚の尾をもつ山羊で描かれることが多い。

エアはまた「すべてを知る者」と称され、知恵を司る神とも見なされている。そのため、ティアマトとの戦いでは指揮官を務めたが、叡智だけでは彼女の猛攻を押さえられず、あえなく敗退した。なお、人間に美術工芸などを教えたのは、このエアといわれている。

天変地異を引き起こす暴虐の神
エンリル
Enlil

バビロニアのマルドゥクが優位に立つまで、メソポタミア世界ではアヌ、エア、そして大気の神である「エンリル」が三大主神であった。エンリルは「風の王」と呼ばれ、嵐を司る神であり、それだけに性格も猛々しかった。

日ごろから人間の不敬や騒がしさに辟易していたエンリルは、ついに人間を滅ぼすべく行動を起こした。旱魃を起こし、疫病をはやらせ、大洪水を起こし……。だが、これらの天変地異から人類を救ったのが、エンリルの父エアだったというのは、皮肉な話である。

エンリル（左）と妻である風の女神ニンリル。

神々の未来を決める月と暦の神
シン
Sin

シュメール名でナンナと呼ばれる「シン」は、エンリルの子で、月を司る神である。同時に、暦の神でもあった。月の満ち欠けによって時を刻んでいくシンは、未来の運命を決める力をもっていたとされ、彼の練った未来の計画は、どの神にも知り得ないことだった。

通常は、髭を生やした老人の姿で表されることが多かったという。また、彼のシンボルである三日月に似た角をもつ牡牛と、深い関わりがあるとも考えられていた、月に由来する神に多い農耕神としての属性もあったようだ。

シン（右）と貢ぎ物をする賢者たち。

聖書で「蝿の王」とされた嵐と雷の神
バアル
Baal

カナン（聖書におけるパレスチナのこと）を中心に各地で崇められた、嵐と雷を司る慈雨の神が「バアル」である。これはセム語（ヘブライ語、フェニキア語、アラビア語等）で「主」の意であり、本来は固有名詞ではなく、実際の名はハッドなのだ。ハッドが主神、つまりバアルとして崇められている間に、その呼び方が固有名詞化したものとされている。

シリアにあった古代都市ウガリットでは、バアルは最高神イルと美と愛の女神アスタルト（＝イシュタル）との間の息子とされる。

彫像などでは、バアルは右手で剣を振りかざし、左手で稲妻を握る戦士の姿で表されることが多い。彼の敵は竜神ヤム・ナハル。ヤムとの戦いはバアルが竜、すなわち自然界の水を制御する治水の神であることを象徴している。

ちなみに、バアルの名をもった神はとくに『旧約聖書』に多く現れ、ベルゼブブ（バアルゼブルから変化したもの。蝿の王の意）と呼ばれるなど「異教の神」全般の代表、すなわち悪魔として扱われる存在となっている。

剣を振りかざし、稲妻を握るバアル。

第4の時代に悪神と戦う光と善の神

アフラ・マズダ

Ahura Mazd

ペルシア（現イラン）に紀元前6世紀ごろ成立したゾロアスター教は、火を尊ぶことから拝火教とも呼ばれる。教義によると、この世界は善と悪とに分けられ、光と善をもたらす神が最高神「アフラ・マズダ」である。その姿は、有翼光輪を背景にした王者の形で表されることが多い。対して闇と悪をもたらす神々の代表はアフリマンと呼ばれる。

なお、ゾロアスター教によると、世界はこれまでに4つの時代を経過してきている。

第1の時代では霊が、第2の時代では形あるものが創造された。そして第3の時代に善と悪が生じて対立し、戦いが起こる。第4の時代は預言者ゾロアスターが現れて神の教えを説き、世界に善神の考えが広まる。すべての人が善神＝アフラ・マズダに帰依した段階でこの時代は終わるのだ。そして第5の時代、すなわち善神が管理する理想の時代がやってくるという。ちなみに、アフラ・マズダは第5の時代には全知全能の神となるが、第4の時代である現代においては単なる光の神にすぎない。

有翼光輪のアフラ・マズダ。ペルシアの古都ペルセポリスに遺されたレリーフ。

不死を求めて放浪した実在の英雄

ギルガメシュ

Gilgamesh

ルーブル美術館に収蔵されているギルガメシュのレリーフ。

世界最古の文学作品といわれるバビロニアの『ギルガメシュ叙事詩』の主人公が「ギルガメシュ」である。武勇および容姿ともにすぐれた英雄であるギルガメシュは、シュメールの資料によれば、紀元前2600年ごろ実在したことが確実とされる、ウルク第1王朝第5代の王だったが、後に伝説的人物となったと考えられている。

——女神ニンスンとシュメール王ルガルバンダの間に生まれたギルガメシュは、体の3分の2が神、3分の1が人であり、神々からさまざまな美質を与えられたこともあって、容姿もたくましく美しかった。だが、彼は神にも等しい自分の強さに溺れ、次第に傲慢な人間になっていく。

ウルクの王となった後、ギルガメシュは威圧的な暴君となり、圧政を敷いて人々から恐れられていた。民の訴えによってギルガメシュの悪行を知った天空の神アヌは激怒した。

そして、創造の女神アルルに命じて、彼に対抗する力をもった獣人エンキドゥを造らせたのである。

ギルガメシュ

とエンキドゥの戦いは、ウルク城内の広場で行われた。ふたりは当初、互角の戦いをくり広げたが、最後は3分の2が神であるギルガメシュが勝利をおさめる。戦いの後、互いの力を認め合ったふたりは親友となった。そして、この友情は生涯続いたのだ。

　その後、ふたりは協力して、秘境探検や森の怪物フンババを倒すなど、数々の冒険をこなす。また、親友を得たことで、ギルガメシュは他者に深い思いやりを寄せるようになり、いつしか暴君としての面も見られなくなっていった。

　ところがあるとき、ギルガメシュに失恋した女神イシュタルの陰謀により、エンキドゥが神の使いである聖牛を殺してしまう。そして、そのために神々によって彼は死の罰を与えられたのだ。親友の死に絶望したギルガメシュは、死への恐怖に取りつかれ、不死を求める遍歴の旅に出た。

　放浪のさなか、彼は聖者の島に住む老人に出会った。老人は彼に昔、神が起こした大洪水の話（いわゆるノアの洪水のこととされる）をする。しかし、老人もまた、不死になる術《すべ》は知らなかった。ただ、不老の草が海底からとれることは、ギルガメシュに伝えたのである。彼は老人の言葉に従い、不老の草をとって帰途についた。

　ところが途中、休息をとっている際に、蛇にこの草を食べられてしまうのだ。ギルガメシュは悲しみのうちに、故郷ウルクに帰還する。

　紀元前2000年ごろ成立したこの物語は当時、オリエント各地で好まれ、シュメール語版、バビロニア語版、アッシリア語版のほかに、一部ヒッタイト語でも訳されている。

ギルガメシュ（右）とエンキドゥ。

ケツァルコアトル

Quetzalcoatl

葦の1の年に帰ってきた文化神

メキシコで栄えたアステカ帝国の神話における、最も有力な神が文化、農耕、また風や太陽を司った神「ケツァルコアトル」だ。名前のとおり、ケツァルと呼ばれる緑色の鳥の羽毛で覆われた蛇の姿で表されることが多いが、白い肌の人間の姿で描かれることもある。

ケツァルコアトルはアステカ固有の神ではなく、紀元前数世紀からメソアメリカの地に根づいていた、農耕に関係ある水神であった。そして、紀元前2～後6世紀に栄えたテオティワカン文化では、人類に火や文化を授けた神「羽毛の生えた蛇」として信仰を集め、神殿まで作られたのである。

後にこの神への信仰は、10世紀以降に栄えたトルテカに伝わった。さらに14世紀に入って、このころ台頭したアステカ族の神話に取り入れられた。そして、原初の神の子として創造神の地位にまで高められたのだ。なお、マヤ神話においては「ククルカン」と呼ばれ、マヤの遺跡のひとつチチェン・イツァでは、この神に捧げた壮麗なピラミッドまで建造されている。

ちなみにアステカ神話では、このケツァルコアトルは次のように描かれている。

――太陽と世界の創造は、これまで4回繰り返されてきた（現在は第5の太陽の世界）。そして、第1の太陽の世界はテスカトリポカ、第2の太陽の世界はケツァルコアトルによって支配されてきた。ケツァルコアトルはこの間、人間を創造し、彼らに農耕や

戦うケツァルコアトル（左）とテスカトリポカ。

メキシコ、テオティワカン遺跡の羽毛の生えた蛇ケツァルコアトルの彫像。

暦、火などをもたらした。

さらに平和を好む彼は、アステカで頻繁に行われてきた人身御供の習慣もやめさせた。

第3の太陽の世界は他の神によって支配され、第4の太陽の世界は再びケツァルコアトルの手に戻ってきた。だが、これを快く思わない神がいた。テスカトリポカ。戦好きの残虐な神である。彼はケツァルコアトルによって、第1の太陽の世界から追放されたことを恨みに思っていた。そして、策略をめぐらし、彼を世界の支配者の座から追放したのである。

ケツァルコアトルは「私は葦の1の年に戻ってくる」と予言して、彼方の地に去った。これについては、金星に姿を変えて天高く飛び去ったとする説もある。

時は流れ１５１９年。アステカはスペイン人によって侵略された。だが当初、アステカ人たちはほとんど抵抗しなかった。というのも、実はこの年はケツァルコアトルの予言した葦の1の年だったのである。スペイン人は、ケツァルコアトルの人間としての姿と同じ黒い髪に白い肌をしており、しかも彼の紋章と同じ十字形の紋章を持っていた。

アステカの人々はそれを見て、スペイン人をケツァルコアトルの再来と勘違いしたのだ。そのため、対応が遅れ、あっさりと征服されてしまったのだという。

テスカトリポカ

Tezcatlipoca

生け贄を好んだ戦いと敵意の神

「テスカトリポカ」はアステカ帝国における戦士の神で、その名は「煙を吐く鏡」の意だという。鏡とは、メソアメリカ一帯で使われていた、黒曜石で作られた鏡のことであり、魔術師が未来を占う際に使用したものと考えられている。

テスカトリポカは多くの場合、黒い体、黒と黄色の縞模様を描いた顔という姿で表される。さらに、右足が黒曜石の鏡か蛇に置きかわった姿で描かれることもある。

彼はまた、アステカの神々のなかでもとくに有力なひとりだったが、人身御供を好み、夜の闇、敵意、不和、支配、予言、誘惑、戦争、争いといった負の概念と結びつけられることも多い神でもあった。ゆえに魔術師や泥棒、悪人などともつながりをもつとされたのである。そのためか、アステカを征服したスペイン人の宣教師たちによって、悪魔と認定されている。

アステカの伝承によると、テスカトリポカはかつて太陽と世界を支配していた。ところが、弟のケツァルコアトルによって棒で殴られ、水中に放り込まれて、支配者の座から追放された。それ以来、ふたりは不倶戴天のライバル同士となったのだという。

右足が黒曜石の鏡となったテスカトリポカ。

ウィツィロポチトリ

Huitzilopochtli

完全武装で母から生まれたアステカの守護神

アステカ神話における軍神かつ狩猟の神が「ウィツィロポチトリ」である。名前の意は「南のハチドリ」もしくは「左足のハチドリ」で、そのとおりにハチドリをかたどった頭飾り、左足に同じくハチドリの羽飾りをつけ、盾と槍を持った戦士の姿で描かれることが多い。

母は女神のコアトリクエだ。

――ある日、コアトリクエは羽毛でできたボールを拾い、その魔力で妊娠する。ところが、それを知った彼女の子どもたちはそんな母を恥に思い、母親殺しを画策した。兄たちの陰謀に気づいたウィツィロポチトリは、完全武装で母の体内から生まれ出た。

そして、彼らを打ち破ったのである。

彼はまた、太陽神でもある。夜の暗闇を打ち破って朝の光をもたらす神なので、当然ながら、闇の支配者テスカトリポカの敵対者でもあった。人々はウィツィロポチトリが敗れて朝が来なくなることを恐れ、生け贄として生きた人間の心臓を捧げつづけたという。

なお、彼はアステカの守護神として神託を下し、首都テノチティトラン（現メキシコシティ）を定めたとされる。

ハチドリの羽で身を飾ったウィツィロポチトリ。

世界の四方を守る雨と豊穣の神
チャク
Chac

4〜13世紀にかけてメソアメリカで栄えたマヤ文明。そのマヤが残した神話において雨や雷、気象全般を司り、豊穣の神としても尊崇された神が「チャク」である。

チャクは象のように長い鼻をもち、下に突き出た牙、両目から涙がほとばしるという、ユニークな姿で表されることが多い。

また単一の神格でなく、4人の神として崇拝されることもある。彼らは世界の4隅で東西南北を支えているのだ。4人はそれぞれ、東がチャク・シブ・チャク、西がエク・シブ・チャク、南がカン・シブ・チャク、北がサク・シブ・チャクと呼ばれる。冠される色も異なり、東が赤、西が黒、南が黄、北が白であるという。

なお、マヤにおいては、雨はチャクの持つヒョウタンからこぼれた水である。雷は同じくチャクの持つ石斧が振るわれた結果なのだ。

人間の友といわれるチャクは、トウモロコシの石を割って、そのなかで眠っていたトウモロコシの神を起こし、人間に与えさせたといわれる。

とはいえ、基本的には善意の神なのだが、ときに降らせる雨が多すぎて洪水を引き起こすなど、はた迷惑なところもあったようだ。

チャクは像のような長い鼻をもつユニークな神だ。

トラロック

Tlaloc

死者の楽園をも支配する雨の神

「トラロック」は、メソアメリカで広く信じられた雨と雷の神で、前項のチャクと同一視されていた。彼の降らせる雨は普通は慈雨だが、ときには洪水などの災害を引き起こすこともある。人々はこの神が旱魃と雨を司っていることを信じ、子どもを生け贄に捧げていたという。

慈雨、ときには洪水をももたらすトラロック。

チャクの長い鼻に対し、トラロックの場合は巨大な両目とジャガーの歯に特徴がある。

主にテオティワカンで主神として扱われてきたが、アステカに取り入れられて後は、首都テノチティトランで土着の神ウィツィロポチトリと同等の高い地位が与えられ、神殿も並んで建てられた。

トラロックは普通、山のなかの洞窟に住むと考えられ、そこは富と栄華に満ちた宝物庫でもあったらしい。

なお、彼はトラロカンという、死者が赴く楽園を支配していた。そこは雷や水害、疫病などで命を落とした人間のみが入れるところで、ここで安楽な日々を過ごした人は4年後に再び現世に戻ってくると信じられていた。

生肉を好む慈愛に満ちた地母神
コアトリクエ
Coatlicue

アステカ神話における大いなる地母神であり、万物を養い、恵みをもたらす女神。「コアトリクエ」

首飾りにした頭蓋骨がなんとも恐ろしいコアトリクエ。

というその名は、「蛇の淑女」を意味する無気味なものだ。ウィツィロポチトリの母であり、農業と植物のすべてにかかわる女神でもある。

名前のとおり外見も怪物そのものだ。とぐろを巻いた無数の蛇でできたスカートをはき、人間の心臓と手首を交互につないだものを鎖として、先端に頭蓋骨を吊った首飾りをかけ、手足にはカギ爪がある。そのうえ像によっては、4本の鋭く巨大な牙と、先がふたつに割れた長い舌まで備えている。

彼女が好んで食べるのは、もちろん人間を含むあらゆる生き物の生肉である。これが慈愛に満ちた地母神とは信じられない姿だが、アステカの世界観では、命は大地から生まれ、それが尽きたときも大地に還る。そして大地に還った命は、次の命を育む材料となる。それが自然の摂理であるとするものだ。コアトリクエは生命の連鎖を紡ぐ女神にして、子宮かつ墓である存在なのだ。

太陽を暗闇に追いやる異形の神

ショロトル

Xolotl

「ショロトル」は、アステカの炎と不幸の神である。名前は「犬のような動物」の意で、そのとおりに犬の頭部に人間の体、空洞になった眼窩、後ろ向きに湾曲した足という、異形の姿で描かれる。

彼はまた、宵の明星・金星を象徴する神であり、1日の終わりに太陽を地下の暗闇へと押し込む役目を担っている。なお、明けの明星としての金星を象徴する神のケツァルコアトルとは、双子の兄弟といわれている。

神話によれば、ショロトルは第4の太陽の世界の時代に生きていた人々の骨を拾い集めるために、地下の世界に向かうケツァルコアトルの道案内を兼ねたパートナーを務めたという。

まったくニュアンスの異なる伝承もある。

かつて太陽を運行させようとしたとき、多くの神々がその身を犠牲にすることとなった。だが、ショロトルのみはそれを拒否した。そのため太陽の運行が完成したとき、ショロトルはひとりぼっちになっていた。彼は寂しさのあまり号泣し、涙の量があまりに多いため、両方の眼球が流れ出し、空洞となってしまったのだという。

犬の頭部と湾曲した足をもつ異形の神ショロトル。

黄金の円盤に象徴される至高の太陽神

インティ

Inti

12～16世紀に南アメリカで栄えたインカ帝国。「インティ」はそのインカ帝国において、天の序列の第1位にあり、太陽や虹を司る神である。農耕や医薬を人々に与え、雷によって権威を示したという。妻は妹でもある月の女神ママ・キジャ。後により複雑な属性も与えられ、やがて創造神となり、宗教上、絶対的な存在となっていった。同時にインカの皇帝はインティと同一視され、現人神と見なされたのである。

インティは光条をともなった黄金の円盤に、人面を描いたもので表されることが多い。妻のママ・キジャは銀の円盤で表された。このインティの黄金製の円盤は実際に発見されており、インカを征服したスペイン人によってローマ教皇に贈られたというが、現在では実物は行方不明である。

かつてノルウェーの人類学者トール・ヘイエルダールが、文化の伝播における自説を証明するために、コン・ティキ号と呼ばれる筏の船を使って南太平洋で漂流実検を行ったことがあった。実はこのコン・ティキという名は、インティの別称である。

太陽そのものの姿で表されるインティ。

ビラコチャ Viracocha

文化神でもあったインカの造物主

「ビラコチャ」はインカの宗教上、造物主として最も重要な神のひとりであり、かつ文化神だった。名前は「水の泡」を意味する。その姿はあご髭を蓄えた肌の白い男性だったという。また、王冠を身につけて稲妻の弓矢を持つ姿などで表されることもある。

ある伝承によると、世界を大洪水で滅ぼした後、彼は新たな世界を創造した。そして、人間たちを教化する旅に出た。彼は旅の途中、見かける植物に名前をつけ、食べられるもの、薬効があるもの、毒となるものの違いなどを人間に教えた。病気を治し、農業の方法を教え、水路を造り、家畜の飼い方を指導した。こうして人々に文化を伝えた後、ビラコチャは海の泡となって姿を消した。

なお、この後の展開は、アステカのケツァルコアトルの場合と酷似している。ビラコチャもまた、人々に「再来」をいい残してこの世から消えたのである。そのため1532年、インカを肌の白いスペイン人が侵略したとき、アステカの人々と同様に彼らを神と勘違いし、ろくな抵抗ができないまま、皇帝を捕らえられ、征服されてしまったのだ。

稲妻の弓矢を持つ絶対の造物主ビラコチャ。

神話の中の異世界

神々の住まう楽園

オリュンポス宮殿に集う神々。

オリュンポス宮殿

オリュンポス山の山頂にあるとされたギリシアの神々が住む楽園が、「オリュンポス宮殿」だ。

ここは神々のみが出入りできる聖域という。宮殿のある山の頂は常に晴れ、雨も雪も風も存在しない。

神々は雲の門を抜けて、天界と地上を行き来する。そして、ゼウスの宮殿で会議の座につき、天界や地上の事象について語り合うのだ。会議の後は饗宴となり、神酒ネクタルや神食アンブロシアがふるまわれる。いずれも不老不死を約束する、神々のみに許された飲食物である。

ちなみに、オリュンポス宮殿を建造したのは単眼の巨人キュクロプスたち、家具を製造したのは鍛冶の神ヘパイストスである。

なお、オリュンポス山は実在するギリシア随一の高山で、標高2917メートルにおよぶ。

ブリテン島のどこかの湖にあるといわれるアヴァロン。

アヴァロン

アーサー王伝説に見られる、イギリス・ブリテン島のどこかにあるとされる神秘の島「アヴァロン」。息子モードレッドとの最後の戦いで瀕死の重傷を負ったアーサーはこの島に運ばれ、死を迎えたとも、今なお傷を癒すために眠っているともいわれる。至福の島、林檎の島とも呼ばれる楽園で、作物や果実は人の手で世話せずとも自然に実る。アーサーが愛用した名剣エクスカリバーも、この島で鋳造されたものだという。

アヴァロンの城は輝く磁石でできていて、島は難破船が取り囲んでいるという。時間の流れも通常と異なり、この島の20年は人間世界の200年に当たるのだ。アヴァロンを統治するのは、アーサーの異父姉で魔女のモーガン・ル・フェイを長姉とする9人姉妹とされている。

ティル・ナ・ノーグ

アイルランドに伝わるケルト神話に登場する不老不死の理想郷が、「ティル・ナ・ノーグ」である。常若《とこわか》の国とも呼ばれる。一時期、アイルランドを統治したダーナ神族が、新興のミレー族に敗れた後に移住したとされるこの楽園は、地下にあるとも、また海の彼方にあるともいわれる。

ここには時間が存在しない。雨は望むときに必要なだけ降り、果樹は枯れることなく、さらにもいでもすぐ新しく実をつける。1日は始まってほしいときに始まり、夜を思えば日が暮れる。世界の広さも望みどおりで、それは海や空より広くなり、また森の広場ほど小さくなるのだ。

この異界は魔法の霧で隠されているため、招待された者しか入れない。ただし、その人間が1年後に帰郷したところ、100年が経過していた、という話はざらだという。

エデンの園で知恵の樹の実を食べるアダムとイブ。

エデンの園

『旧約聖書』のなかの「創世記」に見られるのが、理想郷「エデンの園」の話である。それによると、エデンの園は東方にあり、人類の祖であるアダムとイブは園を管理するために、神によって置かれたという。ふたりはこの地で神に守られ、人間としての欲望をもつことなく暮らしていた。

エデンの園には生命の樹と知恵の樹が1本ずつ、さらには食べられる果実の木も植えられていた。ある日イブは蛇にそそのかされ、アダムとともに、神に禁じられていた知恵の樹の実を食べてしまった。この実を食べたことで知識を身につけたふたりは、裸でいることを恥じるようになった。

神はふたりがしたことを知り、激怒した。そして、罰としてアダムとイブは呪われ、楽園を追放されたのだ。しかも、この追放によって人類には寿命が生じ、男は労働の苦役を強いられ、女は男に隷従し、さらに出産で苦しむこととなった。そして蛇は神の呪いを受け、永遠に地を這いずるようになったのである。

その後、神は生命の樹を守るため、エデンの東に4つの顔と4つの翼をもち、知識を司る天使ケルビムと、回転しつつきらめく炎の剣を置いたという。

なお、エデンの園の実在を信じる人々は、その場所をアルメニアの首都エレヴァンに比定している。実に、同じく聖書の「創世記」に記述が見られる、ノアの箱舟が漂着したとされるアララト山の近くである。

高天原

日本神話で、天津神と呼ばれる神々が住まうところが「高天原」である。『古事記』によれば、その場所は海の上の雲の中らしい。ここを治めるのはアマテラス大神。神の住む場所とはいえ、高天原にはかなり人間界に近い生活があったようだ。また、スサノオ命の乱暴により機織女が死んでいることから「死」も存在したらしい。神々にとって楽園には違いないが、不死の地ではないのだろう。

なお、高天原＝天上説を是としない学者も、少なからず存在した。たとえば江戸時代中期の儒学者・新井白石は、神話は若干の史実を含むものであり、高天原もその例にもれない。史実である以上、それは地上にあったはずだと主張している。ちなみに『日本書紀』の本文には、この高天原についての記述はほとんど見当たらない。

常世国

古代日本で信仰された、海の彼方にある異界が、スクナビコナ神の故郷でもある、不老不死の楽園「常世国」だ。『古事記』や『日本書紀』などの記述にその名が見られる。

『万葉集』には、浦島太郎の原形となった瑞江浦嶋子《みずのえのうらしまこ》という人物の体験を詠んだ歌がある。その体験とは、次のようなものだ。

――漁に出た浦嶋子は常世国に流れ着き、海底宮殿（竜宮）でワタツミ神の娘とともに、楽しい日々を過ごした。だが、常世国にいれば不老不死でいられたのに、浦嶋子は望郷の念にかられる。止めるワタツミの娘を振り切って浦嶋子が帰郷してみると、そこには自分の家はすでになかった……。

外界とは時間の流れが異なる常世国は竜宮のみならず、九州や沖縄地方で信じられている海の彼方の楽園「ニライカナイ」とも通じる神の住まう異界なのである。

おなじみ竜宮城も常世国なのだという。

不老不死の仙人が住むという蓬莱山。

蓬莱山

中国の伝説によると、不老不死の仙人が住む「蓬莱山《ほうらいさん》」は、渤海《ぼっかい》湾に面した山東半島の遙か東の海にある楽園だ。この山の山肌には豪華な宮殿が建ち、白衣を着た仙人が行き交う。蓬莱山は人間が船で近づくと水中に沈み、その場所に近づくと大風が吹いて船が流される。そのため、これまでだれもこの山にたどり着いた人間はいない。

紀元前1世紀ごろの中国の史書『史記』に、秦始皇帝の命により、不老不死の妙薬を求めて蓬莱山に向かった方士（神仙道の使い手）の徐福《じょふく》についての記述がある。徐福は始皇帝のもとには戻らず、どこか遠くで土地を得て王になったという。

なお、中国には蓬莱山が日本や台湾だとする説もあり、事実、日本には徐福が上陸したとされる伝説が残る地もいくつかある。

桃源郷

中国における理想郷。どこと も知れぬ山奥にあるこの「桃源《とうげん》郷《きょう》」は、桃花咲き乱れ、青々とした田畑が広がる、夢のようにのどかな世界である。

――4世紀末の東晋の時代、武陵《ぶりょう》（現・湖南省北西部）に住む川漁師が、舟で川を遡り、山奥へと進んでいった。やがて桃の花が咲く川岸にたどりついた。漁師は水源を求めて、さらに川を遡った。その果ては山であった。

山腹に洞窟があったので、漁師は舟を下りた。そして、洞窟を抜けると、そこは田畑が広がる平野であった。多くの農家が立ち並び、笑顔の村人たちが行き来していた。人々は漁師が武陵から来たというと驚き、歓待してくれた。聞けば、彼らは数百年前の秦の時代、戦乱を避けて故郷を捨てた人々であった。そして、この山奥の無人の地に移住した後、外界とのかかわりを断って暮らしているという。

数日後、漁師は帰郷することにした。村人たちはこの地のことを他人に話さぬよう漁師に頼んだ。だが、帰郷した漁師は役人にすべて話してしまった。役人は捜索隊を出したが、ついに桃源郷を見つけることはできなかった。その後も多くの人々が捜し求めたが、すべて徒労に終わったのである。

この話は、実は東晋の詩人・陶淵明《とうえんめい》が著した詩『桃花源記《とうかげんのき》』に見られるものだ。

それが道教の仙人思想と結びつき、霊力を有する果実である桃が実る林の奥にある桃源郷＝仙人の住まう地とみなされるようになったといわれる。

洞窟の先に広がる桃源郷。

死者たちの楽園と地獄

冥府で審判官を務めるかつてのクレタ王ミノス。

冥府

紀元前1世紀ローマの詩人ウェルギリウスが著した『アエネイス』は、トロイアの武将アエネイスが戦場を逃れてイタリア半島に到達、ローマ建国の祖となるまでを描いた叙事詩だ。このなかにアエネイスが、ハデスが統治する地下の「冥府」に下る話がある。

――硫黄の立ちこめる地上の亀裂が冥府への入り口である。真っ暗な洞窟を下っていくと、やがてステュクス川の支流のアケロン川に到達する。そこでは渡し守のカロンが、正しく葬られた亡霊とそうでない亡霊を分けていた。きちんと葬られていない亡霊は川を渡してもらえず、100年間も川岸をさまようことになる。ちなみに、冥府を七重に取り巻くステュクス川は、不死をもたらす神水でもある。

川を渡るとハデスの宮殿に通じる門がある。ここは頭が3つ、蛇のたてがみ、竜の尾をもつ番犬ケルベロスが守っている。

死者を裁くのは本来、冥府の王ハデスだが、多忙なため、3人の審判官が実務を担当することもある。クレタ王ミノス、その兄弟のラダマンテュス、アイギナ王アイアコスという、いずれも生前は善政あるいは敬虔さで知られた人々である。

裁きにより善とされた死者はエリュシオン、悪とされた死者はタルタロスに行く。どちらにも該当しない死者はこのまま冥府で暮らすことになる。そうした死者は姿も定かでない影のような存在で、苦しみもないが、楽しみもまたないという。

タルタロス

タルタロスはギリシア神話に登場する原初の神であり、かつ同名の奈落＝地獄を支配する。同じく原初の女神ガイアとの間に、ゼウス最大の敵となる超巨大怪物テュポンをなしたことでも知られる。

地獄としての「タルタロス」は、冥府のさらに奥深い地下にある。そこは霧が立ちこめ、ポセイドンが造った青銅の門と青銅の壁で覆われているため、いったん幽閉されたら脱出は不可能だ。神々すら忌み嫌うこの陰鬱なタルタロスで、生前に極悪人だった死者はさまざまな罰を受ける。たとえば神を冒瀆した人物は、同じ作業をくり返し続けさせられる。また、水中に立っていながら、喉が渇いて水を飲もうとすると、水面が引いてしまうという罰を受ける者もいる。そして、それは永遠に続くのだ。タルタロスにはまた、ゼウスに背いたティターン神族なども幽閉されている。不死である彼らを死刑にはできないためである。

エリュシオン

ギリシア神話に登場する死後の楽園が「エリュシオン」である。前出のラダマンテュスが支配する世界で、英雄たちや生前、正しい行いをした死者たちの魂が、永遠の生命を得て穏やかに暮らすという。紀元前8世紀ごろの詩人ホメロスの叙事詩によると、エリュシオンは世界の西の果て、オケアノスの海流の近くにある。一方、『アエネイス』によると、それはハデスの統治下、すなわち地下にあるとされる。いずれにしろ、気候温暖で空気は清々しく芳香に満ちた地であることは同様だ。

英雄たち、そして正しき人々が暮らす楽園エリュシオン。

ワルハラ宮殿

北欧神話において、アース神族が住むアスガルド。そこには「ワルハラ」と呼ばれる黄金に輝く宮殿があった。ワルハラはオーディンと英雄たちの楽園である。その屋根は英雄たちの盾で覆われ、垂木は槍でできていた。オーディンは地上で戦いがあるたびに、ワルキューレを派遣した。そして神の戦士にするため、死せる英雄たちの魂を連れ帰らせたのである。敵に背中を見せたり、戦場から逃げ出した者たちの魂に用はない。ワルキューレに認められ、連れてこられた戦士たちは、毎日武装しては広い中庭に出て実戦形式の訓練に励んだ。

夕刻になると昼間の訓練で死んだ者も甦り、オーディンの主催する宴席に臨むのだ。彼らがそこで食べる猪は何度調理されても生き返り、牝山羊の乳房からは途切れることなく蜜酒が流れ出た。こうして英雄たちは最終戦争の日――ラグナロクに備え、ワルハラ宮殿で訓練に明け暮れる日々をくり返すのだ。

ワルハラ宮殿では夜ごと、酒宴が開かれる。

ヘルヘイム

北欧神話における冥界＝地獄が「ヘルヘイム」で、氷の世界ニブルヘイムの地下にあるとされる。ニブルヘイムは世界樹ユグドラシルの根にあり、冥界の場所はそのさらに地下である。悪神ロキと巨人族の女の娘ヘルが女王として君臨している。

――死者たちは、まず冥界への入り口である洞窟を通る。この洞窟は恐ろしい魔犬が守っている。その後、冷たく泡立つ川にかかる黄金の橋を渡る。橋の番人は巨人族の女だ。

たどりついた冥界には、陰気で無気味な女王ヘルの館が建つ。ヘルは上半身こそ普通の女性の姿だが、下半身は腐敗して緑がかった黒に変色しているという。また、半身が青く、半身が人肌の色をしているとする説もある。

この館でヘルが裁くのは、戦死者以外の死者のうち生前に悪行を犯した者たちだ。

その罪の重さにより、死者たちは9つの区画に追い立てられる。そこで彼らは、竜や猛禽たちに体を食いちぎられ、引き裂かれるのである。

ただし、病気や老衰で亡くなった者たちはヘルの館に招かれ、そこで暮らすことができるのだという。

ヘルヘイムを支配する女王ヘル。

アアル

古代エジプト人が訪れる死後の世界である「アアル」は太陽が昇る東にあり、ナイル川デル

善とされた死者たちの魂はアアルでのんびり狩りなどをする。

夕に似た自然豊かな楽園だ。霊たちはここで魚を捕ったり、狩りをしたりして、永遠に穏やかな暮らしを営める。

ただし、来られるのは冥府の裁判において生前、善良であったと判決が出た者のみ。しかも、到着までには長く危険な旅が待っている。葬儀の際に神に捧げた供物の数に従い、15とも20ともいわれる多くの関門を通過しなければならないのだ。

なお、遺体とともに葬られる「死者の書」には、霊がアアルに至るまでに遭遇するさまざまな危機の回避法や対処法なども記されている。

ちなみに、裁判で悪の判決が出た者の心臓は、その場で怪物アメミットに食われてしまう。古代エジプトでは霊は心臓に宿るとされていたため、死者はこの時点で「第2の死」を迎えることになる。そのため、古代エジプトには地獄は存在しない。

黄泉国／根堅洲国

どちらも日本神話における死後の世界である。このふたつは地下にあり、黄泉比良坂で現世とつながっている。ただし、「根堅洲国」はすべてが生まれ帰っていく根源の国であり、祖先の霊が宿るところ、この世と隔たってはいるが、行き来が可能な世界だという。スサノオ命が統治しており、オオクニヌシ神が訪れたりしている。人々の暮らしも地上と変わらない。

対して「黄泉国」はまぎれもなく死者の国だ。イザナミ命が夫のイザナギ命と袂を分かって後に、黄泉津大神となって君臨する黄泉国は暗く、邪霊が棲むところとされる。この世とは完全に隔たっており、死者の魂がここで煮炊きされた食物をひと口でも食べると、もう現世には戻れない。そして、イザナギが黄泉国から逃げ帰るときに千引岩を据えたため、現世との間に明確な境界ができたともいう。

境界は島根県松江市東出雲町にあるという。

ただし、黄泉国と根堅洲国の概念はそれぞれに矛盾なども少なくなく、混乱しやすいこともまた事実だ。現在のところ『古事記』は、この異質のふたつの世界を強引にひとつの世界につなごうとしたとする考え方が主流のようだ。

不帰の国

古代メソポタミアの冥界は、だれしもが訪れなければならず、二度と帰還できない場所であることから「不帰《ふき》の国」と呼ばれる。統治しているのは、天空神アヌの娘である、残虐な女神エレシュキガル。彼女は死者を不帰の国に呼び込むために、下僕を地上に送り込んでは、人々の間に60種類もの病気を広めさせたという。

ちなみに、不帰の国は大地の甘い水の下にあり、陰鬱で乾ききっており、塵と埃だらけの場所である。そこにいたるには川を渡り、7つの門を通り抜けねばならない。やっとの思いでたどり着いた死者たちは、永遠に暗闇のなかで粘土の団子を食べ、泥水を飲んで暮らすという。不帰の国はまた、世界で最も古い地獄ともいわれている。

参考文献　『ギリシャ神話集』講談社学術文庫／『完訳 ギリシア・ローマ神話』角川文庫／『ギリシア・ローマ神話事典』大修館書店／『ギリシャ神話』社会思想社・現代教養文庫／『北欧神話物語』青土社／『ゲルマン神話』青土社／『エジプト神話シンボル事典』大修館書店／『図説エジプト神話物語』原書房／『インド神話』青土社／『インド神話』筑摩書房／『ムー謎シリーズ・インド神話の謎』学研／『古事記』岩波文庫／『古事記』講談社学術文庫／『新釈古事記』ちくま文庫／『古事記物語』社会思想社・現代教養文庫／『日本書紀』講談社学術文庫／『風土記』平凡社・東洋文庫／『日本神話の源流』講談社現代新書／『神話伝説辞典』東京堂出版／『日本神話』岩波新書／『ブックス・エソテリカ　神道の本』学研／『神道事典』弘文社／『日本の神様を知る事典』日本文芸社／『神々の系図』東京美術／『図説・古事記と日本の神々』学研／『「日本の神様」がよくわかる本』PHP文庫／『中国の神話伝説』青土社／『中國神話故事』星光出版社／『山海経　中国古代の神話世界』平凡社／／『ブックス・エソテリカ　道教の本』学研／『オリエント神話』青土社／『ケルトの神話』筑摩書房／『世界の神話がわかる本』学研／『「世界の神々」がよくわかる本』PHP文庫／『「世界の神獣・モンスター」がよくわかる本』PHP文庫／『よくわかる「世界の幻獣」事典』廣済堂文庫／『伝説の「武器・防具」がよくわかる本』PHP文庫／『眠れなくなるほど面白い　武器と防具の話』日本文芸社

ヴィジュアル版 **世界の神々と神話事典**
2023年10月23日　第1刷発行

編　　者 ◎ 歴史雑学探究倶楽部

発 行 人 ◎ 松井謙介
編 集 人 ◎ 長崎　有
企画編集 ◎ 宍戸宏隆

編集制作 ◎ 鴨木悠之子
デザイン ◎ 新井美樹（Le moineau）

発 行 所 ◎ 株式会社　ワン・パブリッシング
〒110-0005　東京都台東区上野3-24-6
印 刷 所 ◎ 岩岡印刷株式会社

●この本に関する各種のお問い合わせ先

本の内容については、下記サイトのお問い合わせフォームよりお願いします。
https://one-publishing.co.jp/contact/

在庫・注文については　書店専用受注センター　Tel 0570-000346
不良品（落丁、乱丁）については　Tel 0570-092555
業務センター　〒354-0045　埼玉県入間郡三芳町上富279-1